HEYNE FILMBIBLIOTHEK

W0084716

Sabine Reichel

BAD GIRLS

Hollywoods böse Beauties

Originalausgabe

WILHELM HEYNE VERLAG
MÜNCHEN

HEYNE FILMBIBLIOTHEK
Nr. 32/231

Herausgeber: Bernhard Matt
Redaktion: Stephanie Ehrenschwendner

BILDNACHWEIS

Bildarchiv Engelmeier, München 6, 17, 23, 26, 28, 29, 37, 41, 43, 46, 47, 57, 61, 65, 69, 79, 80, 81, 85, 90, 91, 97, 99, 101, 104, 106, 107, 113, 114, 117, 120, 123, 124, 125, 127, 129, 133, 135, 139, 157, 159, 164, 165, 168, 169, 175. Alle anderen Abbildungen stammen aus dem Archiv des Autors.

Dieses Buch ist allen ehemaligen, heutigen und zukünftigen »Bad girls« der Welt gewidmet.

Copyright © 1996 by Wilhelm Heyne Verlag GmbH & Co. KG, München
Printed in Germany 1996
Umschlagfoto: Bildarchiv Engelmeier, München
Rückseitenfoto: Bildarchiv Engelmeier, München
Umschlaggestaltung: Atelier Ingrid Schütz, München
Herstellung: H + G Lidl, München
Satz: Fotosatz Völkl, Puchheim
Druck und Verarbeitung: Ebner Ulm

ISBN 3-453-09402-6

Inhalt

Mit Phyllis fing das Morden an 7

Sex kills 15

Schwarzes Herz und rote Lippen 45

Gilda küßt, Mildred schuftet, Ellen mordet 55

Bis daß der Tod sie endlich scheidet 76

Noch mehr *Bad girls* und kein Ende 84

Dark Mirrors – Teufel und Engel 109

Die *Good bad girls* – in Wirklichkeit ganz liebe Mädels 119

Die First Ladies der *Bad girls* 137

Die Hausfrauen kehren heim – das Ende der *Bad girls* . 155

Filmographie 181

Register 204

Das böseste aller Bad girls. *Phyllis Dietrichson, die Hausfrau aus der Hölle, gespielt von Barbara Stanwyck in Billy Wilders* DOUBLE INDEMNITY *(1944).*

Mit Phyllis fing das Morden an

Phyllis Dietrichson, die blonde Hausfrau aus der Hölle, kam langsam in ihren Satinslippers mit Pompons und einem Fußkettchen um die Fessel die Treppe herunter – und nichts in der amerikanischen Filmgeschichte war mehr wie vorher. Barbara Stanwyck, die zukünftige Königin der Heimtücke und Härte, setzte mit dem Porträt der tödlichsten aller *Femmes fatales* einen Standard für alle kommenden *Bad girls,* den niemand, nicht einmal sie selber, je übertroffen hat. »She kisses him so he will kill«, heißt es auf einem Filmplakat zu DOUBLE INDEMNITY (FRAU OHNE GEWISSEN, 1944), für viele das Meisterwerk des *Film noir.* Regisseur Billy Wilders bittere Fabel (nach einem Roman von James M. Cain) über Ehebruch, kaltblütigen Mord und Versicherungsbetrug zeigt auf die wirkungsvollste (und satirischste) Weise die Verbindung zwischen *sex* und *crime,* weiblicher Doppelzüngigkeit und Verderben. Phyllis, eine maßgeschneiderte Mörderin ohne jede Spur von Reue, verteilt ihre Todesküsse ganz gelassen. Nüchtern gesteht sie am Ende des Films mit realistischer Selbsteinschätzung: »I'm rotten to the heart.« (»Ich bin durch und durch verdorben.«)

Das Projekt lag einige Zeit in Hollywood auf Eis, denn niemand hatte das Problem lösen können, wie man eine so hemmungslos hinterhältige Frau dem Publikum präsentieren sollte, ohne daraus eine unannehmbare Rolle für einen Star zu machen. Auch Stanwyck selbst hatte Angst, so ein übles Killer-Weib zu spielen. »Ich dachte, diese Rolle würde mich erledigen«, sagte sie damals, aber Wilder fragte in der ihm eigenen Art den zögernden Star: »Bist du eine Maus oder eine Schauspielerin?« Es ist natürlich inzwischen unmöglich, sich irgendeine andere Schauspielerin vorzustellen, die auch nur annähernd an Stanwycks brillant kühle Darstellung der kriminellen und sexuell anziehenden Phyllis Dietrichson heranreicht. Daß der Film, der seinen Originaltitel aus einer speziellen Versicherungsklausel bezieht, auf deutsch FRAU OHNE

GEWISSEN genannt wurde, amüsierte den witzigen Wiener: »Ein idiotischer Titel. Trifft etwa auf 1,6 Milliarden Frauen zu.« Billy Wilder war der perfekte Regisseur für diesen Filmstoff, er paßte zu seiner zynischen Meinung von einer oberflächlich respektablen Gesellschaft, die im Grunde häßlich, kalt und unmenschlich ist. Der Film war ein Schlag gegen alles, was man normalerweise in Hollywood-Filmen vorfand, attraktive »gute« Charaktere, deren Taten und Motive man verstand und mit denen man sich identifizieren konnte.

Als solche Filme wie DOUBLE INDEMNITY gedreht wurden, etwa zwischen 1941 und 1958, hatten sie eigentlich keinen bestimmten Namen. Sie waren *thriller,* die man in *A-pictures,* ungefähr 90 Minuten lang, und *B-pictures,* ungefähr 75 Minuten lang, einteilte. Hollywood hatte in seiner besten Zeit, den dreißiger, vierziger und fünfziger Jahren, viele Filmarten, auch Genres genannt, erfunden, die *screwball comedies,* die Gangster-, Kostüm- und Abenteuerfilme, Musicals und Western. Die vierziger Jahre brachten nun ein Genre hervor, worin nicht nur die Gangster und Detektive, sondern auch die Frauen korrupte und zweifelhafte Charaktere waren. Während des Kriegs in Frankreich verboten, machten diese düsteren, schwarzweißen, unverwechselbaren Filme ab 1945 ihren Weg dorthin, wurden vor allem in Paris in der *Cinémathèque Française* von den Filmkritikern begeistert aufgenommen und unter dem Begriff *Serie noire* zusammengefaßt. In Amerika hießen sie *Films noirs* (oder auch *Dark cinema*) und in Deutschland »Schwarze Serie«. Im allgemeinen gilt THE MALTESE FALCON (DER MALTESERFALKE, John Huston, 1941) mit Humphrey Bogart in der Rolle des Detektivs Sam Spade und Mary Astor als total verlogenes *Bad girl* Brigid O'Shaughnessy, als der erste offizielle *Film noir.* Daß diese Filme heute als Kunstwerke gesehen werden, amüsierte viele der Regisseure. Edward Dmytryk, der heute 86jährige Regisseur des *noir*-Klassikers MURDER, MY SWEET (1944), lachte während eines Podiumsgesprächs, das im Frühjahr 1995 in der Universität von Los Angeles stattfand, einen vor Ehrfurcht bebenden Filmstudenten aus, der ihn zur außerge-

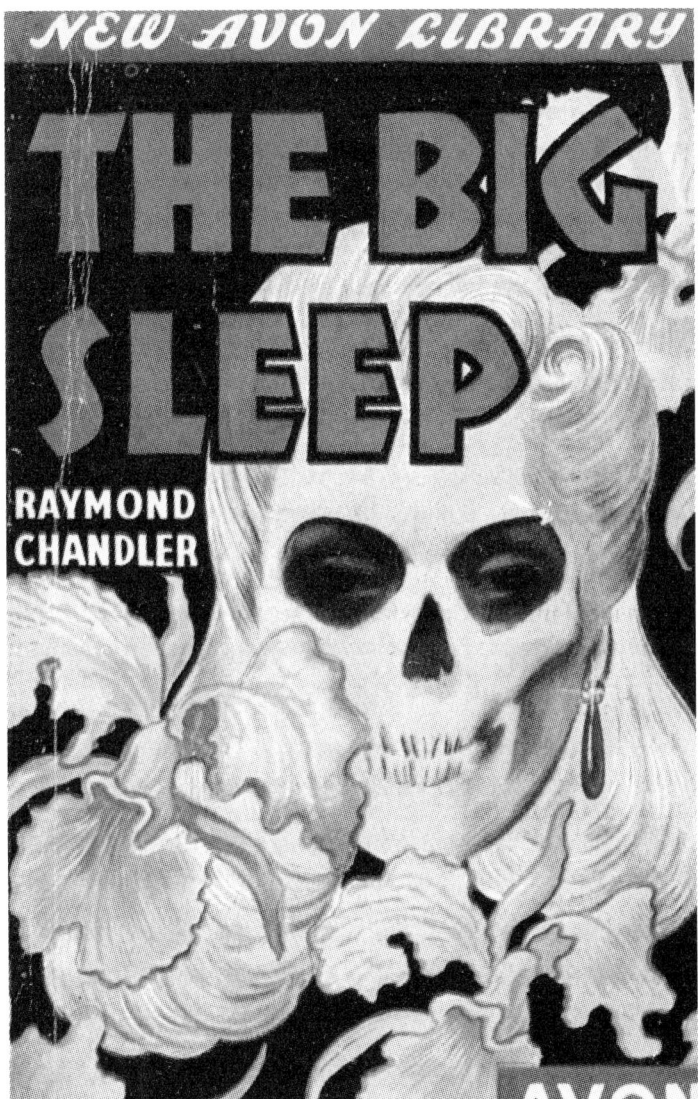

Raymond Chandlers berühmter Thriller THE BIG SLEEP war bereits ein Bestseller, bevor er mit Humphrey Bogart und Lauren Bacall verfilmt wurde. Das Taschenbuch-Cover von 1943 zeigt die Verbindung von Sex und Tod.

wöhnlichen Kunst des *Film noir* befragt hatte. »Wir haben einfach Filme runtergedreht. Den Begriff ›noir‹ gab's nicht. Wir benutzten weniger Licht und wenig Studioaufnahmen, weil es weniger kompliziert mit der Ausleuchtung und einfacher, billiger und schneller zu drehen war.«

Films noirs sind stimmungsvolle, dunkle, harte, zynische, unruhige, pessimistische Filme der Großstadt, die in New York, Los Angeles, San Francisco oder auch in Mexiko und Südamerika spielen. Fast ausschließlich nach Detektivromanen, unter anderem von berühmten Autoren wie Raymond Chandler, James M. Cain, Mickey Spillane und Dashiell Hammett, gedreht, zeigen sie Helden und gefährliche Sexsirenen in einer dekadenten, mißtrauischen Welt, in der die soziale Ordnung durcheinandergeraten und die Stimmung hoffnungslos dissonant und entfremdet ist. Die Filme vermitteln Angst, Streß und abnormes Verhalten von einsilbigen Männern und zweideutigen Frauen, die töten, betrügen, sich rächen und bereichern. Auch die Dialoge sind im *Film noir* anders als in jedem anderen Genre. Die Sprache der *tough guys* und *dames, babes* und *dolls,* die auf Namen wie Mildred Pierce, Velma Valento, Moose Malloy und Walter Neff hören, ist knapp, scharf und ironisch, voller Wortspiele und *oneliners.* Bemerkungen, wie die eines Killers aus dem Film OUT OF THE PAST, als er gewarnt wird, daß die böse Kathy eine Pistole in der Handtasche trägt, »A dame with a gun is like a guy with knitting needles« (»Ein Weib mit 'ner Pistole ist wie ein Typ mit Stricknadeln«), sind im *Film noir* an der Tagesordnung.

Die negative Stimmung der Filme zeigt sich auch im visuellen Stil durch den ausdrucksvollen Gebrauch von Dunkelheit, Schatten, Silhouetten und Spiegelreflexionen (typische Filme heißen DARK PAST, DARK CITY, DARK CORNER, DARK PASSAGE, THE DARK MIRROR). Keine andere Filmart hängt so von der Kameraführung und der Beleuchtung ab. Die schrägen Einstellungen – sparsam, expressionistisch, kontrastreich, mit dunklen Bereichen innerhalb eines Bildausschnitts – kreieren eine seltsame Spannung. Personen treten plötzlich aus einem solchen Dunkel, und die oft labyrinthartigen Kompositionen reflektieren Paranoia und meist auch die Falle, in der sich die Helden und Heldinnen eigentlich immer befinden. In diese Filme passen keine weichherzigen Ehefrauen und verliebten Freundinnen, die in bürgerlicher Sicherheit zu Hause auf »ihn« warten. Die *Bad girls* – aktiv, verführerisch und zügellos – sind in die kriminelle Welt des Mannes versetzt, wo sie das Spiel der Männer mitmachen und wo Sex-Appeal das weibliche Gegenstück zur Pistole ist – und die haben sie meistens auch noch.

Die harten, hinterhältigen Biester – besonders gut verkörpert von den »dominanten Drei« Barbara Stanwyck, Joan Crawford und Bette Davis – wie auch die psychotischen *Pretty girls* wie Gene Tierney und Jane Greer waren ein bisher nie dagewesenes Phänomen im amerikanischen Film. In keinem anderen Genre durften Frauen so absolut schlecht, unmoralisch und betrügerisch sein. Ohne Seele und Herz, Mitleid oder Reue, dafür aber so giftig wie eine Schlange, waren sie schuld an der Zerstörung des sexuell hörigen und betrogenen Helden, der den kalkulierenden Verführerinnen, die Kleider aus Seide trugen und ein Rückgrat aus Stahl hatten, völlig ausgeliefert war.

Nun gab es schon im Film der zwanziger und dreißiger Jahre *Femmes fatales* und *Vamps,* die Sex einsetzten. Sie waren aber keineswegs wirklich schlecht, sondern eher *Naughty girls* wie Pola Negri, Clara Bow, Jean Harlow und Mae West. Im schlimmsten Fall waren sie Gangsterbräute mit einer frechen Klappe, die nichts Schlimmeres taten, als den ein wenig puritanischen Helden mit ihrer Sexualität zu provozieren. Ansonsten stellten sie Zierrat oder unwichtige Nebenfiguren dar (bis auf Mae West).

Ganz anders die *Bad girls.* In der Sekunde, in der sie auftreten, dominieren sie die Handlung und diktieren die Stimmung, weil ihr Körper, ihre Sexualität und ihre Sinnlichkeit im Mittelpunkt stehen und die Kamera ihren Bewegungen folgt, wie durch die Augen des sie beobachtenden Helden. Doch die Power, die *Bad girls* so anmaßend an sich reißen, wird durch andere filmische Kunstgriffe wieder entkräftet, so gut es eben geht. Dazu ist das für den *Film noir* typische *voice-over* perfekt geeignet. Es ist immer eine Männerstimme (nur in dem Film MILDRED PIERCE [SOLANGE EIN HERZ SCHLÄGT, 1945] ist das *voice-over* von einer Frau), die in einem flachen Ton, in dem eine Spur von Zynismus und Selbstmitleid mitschwingt, die Ereignisse ankündigt oder kommentiert und so als subjektiver Zensor fungiert. Die Frau wird ihrer eigenen Stimme und der Selbstinterpretation beraubt, ihr haftet ein bruchstückartiges Image ohne komplexe Identität an.

Das zentrale Thema ist so alt wie Adams und Evas Probleme: die Haßliebe zwischen den Geschlechtern, Rettung und Verhängnis, der ewige Wunsch des Mannes nach der Frau, die ihn rettet, und seine gleichzeitige Angst davor, daß sie ihn zerstört. Ungeachtet einer gewissen Form von objektiver Betrachtung und Ausgewogenheit stürzten sich die Drehbuchautoren und Regisseure in die erotische, dunkle Welt der *Femmes fatales,* aus der kein Mann je unbeschadet oder lebend herausgekommen ist. Das konstruierte Image beziehungsweise die Karikatur von Frauen als verschlingende, kastrierende und dämonische Kreaturen beruht auf dem nicht aussterbenden Mythos von der Frau als Bedrohung der männlichen Kontrolle und als Zerstörerin der männlichen Welt und Ziele. Die neuen *Bad girls* reflektierten die Veränderung des Status der Frauen, die durch den Zweiten Weltkrieg entstanden war, und die Männer witterten ihren Machtverlust. Es ist sicher kein Zufall, daß diese Angst vor dominanten und deshalb bedrohlichen Frauen gerade zu diesem Zeitpunkt so ungehemmt offenbar wurde. Frauen waren nicht nur die alleinigen Herrinnen im Hause, sondern sie hatten den Arbeitsmarkt überflutet und in vielen Fällen die Jobs der abwesenden Männer übernommen. Um so mehr überrascht es, daß sie – ganz im Gegensatz zur Realität – im *Film noir* meist als Frauen ohne Beruf porträtiert werden, für die verhängnisvoller Sex ein Fulltime-Job ist. Und Sex wird im *Film noir* nie in einem romantischen, sondern immer in einem psychotischen Kontext gezeigt. »Sex kills« lautet die Message, und auch Liebe, sehr selten in den völlig unromantischen Filmen dargestellt, ist immer mit krankhafter Eifersucht oder versklavenden Besitzansprüchen verbunden.

»She ain't the type that makes a happy home!« (»Sie ist nicht der Typ, der einem Mann ein glückliches Heim bereitet!«) bemerkt ein männlicher Zuschauer mißtrauisch in Joseph H. Lewis' Kult-Klassiker GUN CRAZY (GEFÄHRLICHE LEIDENSCHAFT, 1949), als er die blonde Jahrmarkts-Scharfschützin Peggy Cummins aufreizend mit den Hüften schwingen und liebevoll mit ihren Pistolen spielen sieht. Oh, wie recht er hat. *Bad girls* sind nicht nur meistens berufslos, sie sind asozial und hassen Familie. Sie suchen keinen Ehemann, um mit ihm eine Familie zu gründen; sie zerstören lieber eine. Wenn sie verheiratet sind (so wie Phyllis Dietrichson und viele andere), dann nur widerwillig und mit einem ungeliebten Trottel, der ihnen ein Klotz am Bein ist. *Bad girls* haben keine Kinder (und wenn doch, wie in MILDRED PIERCE, sind sie schlechte Mütter), keine Freundinnen, keine emotionalen Beziehungen zu anderen. Sie sind losgelöst von allen Konventionen und stehen alleine da, als narzißtische Einzelkämpferinnen, Rebellinnen und *outcasts,* die der Männergesellschaft den Kampf angesagt haben.

Eigentlich eine begrüßenswerte und bitter benötigte Position für Frauen im Film. Doch damit dieses Image nicht als inspirierendes Beispiel Schule macht, nämlich daß man ungestraft die patriarchalische Ordnung zerstören kann, muß die Lust an Aufruhr und Exzessen scheitern. Das hat immer nur zwei Arten von Strafe zur Folge: Tod oder Reue für ungebührliches Verhalten und Wiedereingliederung in das System. Da viele *Bad girls* Mörderinnen sind, erscheint der Tod als die gerechte Strafe. Aber warum müssen sie überhaupt erst als Mörderinnen dargestellt werden, um ihre schockierenden Wünsche und Begierden (wie Freiheit, Macht und Geld) plausibel erscheinen zu lassen? Zeigt das nicht die Angst vor solchen die Männergesetze brechenden *Femmes fatales?* Das Fazit liegt nahe: Nur wenn Frauen ausschließlich schlecht – also ihrer Natur gemäß – agieren dürfen, erscheinen sie mächtig und interessant genug, um in Filmen überragende Rollen zu spielen.

Films noirs, unrealistisch wie sie sind, demonstrieren trotzdem sehr wirklichkeitsgetreu den Haß und die Ambivalenz, die Frauen und Männer füreinander fühlen. Da gibt es eine erfrischende Radikalität in der Präsentation der *Bad girls.* Sie sind nicht ungezogen und ein bißchen sexy, sondern Kriegerinnen aus der Sturmabteilung und ebenso erschreckend wie mächtig. Sie dürfen sich in der Männerwelt mit Männermitteln durchboxen, die Handlung anführen und üben auf diese Weise eine gewisse Form der Selbstbestimmung aus. Sie sind die einzigen Frauen in der Geschichte des Films geblieben, die ihre Aggressionen und ihre Wut auf die Ungerechtigkeiten in der Machtverteilung ungehemmt ausleben und sich symbolisch für ihre Unterdrückung und Verteufelung rächen dürfen. Auch wenn feministische Kritikerinnen hinter jeder Form von Interaktion zwischen Mann und Frau, die Sex involviert, schändlichste Ausbeutung wittern, so sind doch die *Bad girls* in all ihrer köstlichen Verwerflichkeit auf ihre Art die freiesten und amüsantesten Frauengestalten im Film – zwar tödlich, aber auch sexy, aufregend und stark. Ihre überwältigende Wirkung wird auch dann nicht reduziert, wenn sie, meist nonchalant, ihre verdiente Strafe bekommen. Sie bleiben Gewinnerinnen. Wenn sicherlich auch ohne Absicht, so haben damals die männlichen Filmemacher trotz ihres Chauvinismus den Frauen einen Dienst erwiesen. *Films noirs* sind eine entstellte Hommage an die verführerischen Kräfte der Frau, an ihre Allmacht, ihre natürliche Dominanz über den Mann, weil sie hat, was er braucht.

Sex kills

Um einen nachhaltigen Eindruck vom schändlichen Treiben der *Bad girls* zu bekommen, sollen zuerst vier der schlimmsten Vertreterinnen in folgenden Filmen vorgestellt werden: DOUBLE INDEMNITY, THE POSTMAN ALWAYS RINGS TWICE (IM NETZ DER LEIDENSCHAFTEN, Tay Garnett, 1946), OUT OF THE PAST (GOLDENES GIFT, Jacques Tourneur, 1947) und THE LADY FROM SHANGHAI (DIE LADY VON SHANGHAI, Orson Welles, 1948).

DOUBLE INDEMNITY erzählt die Geschichte des Versicherungsagenten Walter Neff (Fred MacMurray), der zusammen mit Phyllis Dietrichson einen ausgetüftelten Mord an ihrem Ehemann plant, damit sie als Witwe die doppelte Unfallversicherungssumme einkassieren kann.

In klassischer *Film noir*-Tradition legt Walter Neff am Anfang des Films, angeschossen und dem Tode nahe, auf Tonband seinem Boß Barton Keyes (Edward G. Robinson) in *flashbacks* und im *voice-over* ein Geständnis ab: »I killed him for money – and for a woman.« Ja natürlich, das ist doch klar, warum sonst? Im *Film noir* töten entweder die Frauen selber, oder es wird mit ihnen oder für sie getötet, gelogen, das Leben riskiert. »I didn't get the money and I didn't get the woman«, fährt er fort. Auch klar. Verbrechen zahlt sich nicht aus, und außerehelicher Sex muß bestraft werden. Neff präsentiert die Position vieler Männer im *Film noir:* Sie glauben, wegen eines Verbrechens eine Frau zu besitzen, sehen sie als Objekt und Preis an, schließlich aber entziehen sich diese Frauen den Männern.

In dem Moment, in dem Walter Neff aus den sonnigen Straßen von Los Angeles in das düstere, staubige und enge Wohnzimmer der Familie Dietrichson tritt, sitzt er in dem Netz, das eine der gefräßigsten aller Spinnenfrauen für ihn gesponnen hat. Phyllis steht oben am Treppenansatz, halb im Schatten, nur mit einem Badetuch bekleidet. Walter muß zu ihr hinaufschauen, und Phyllis spinnt die ersten Fäden. »I was just taking a sunbath« (»Ich habe mich gerade gesonnt«), sagt sie lässig. »No pigeons, I hope« (»Keine Tauben dort, hoffe ich«), scherzt Walter. Dann zieht sie sich etwas an, ein helles fließendes Hauskleid, und kommt langsam die Treppe herunter. Wir sehen zuerst nur ihre Füße. Das Fußkettchen trägt ihren Namen. Bald wird sich dieses Kettchen um Walters Herz und Hals legen. Sie malt sich in aller Ruhe die Lippen an, und Walter starrt fasziniert auf ihr Spiegelbild. *Bad girls* sind Exhibitionistinnen und Narzißtinnen, die sich unverstellt mit ihrem Image beschäftigen. Walter flirtet, er ist ein Witzbold, dem pfiffige Wortspiele leicht über die Lippen gehen. Doch Phyllis kontert genauso keß. Die Dialoge der beiden sind schnell und komisch. Als Walter nicht aufhört zu flirten, läßt ihn Phyllis auflaufen.

Phyllis: »There's a speed limit in this state, Mr. Neff. Forty-five miles an hour.« (»Es gibt eine Geschwindigkeitsbegrenzung in diesem Staat, Mr. Neff. 45 Stundenkilometer.«)

Walter: »How fast was I going, officer?« (»Wie schnell bin ich gefahren, Officer?«)

Phyllis: »I'd say about ninety.« (»Ich würde sagen, ungefähr 90.«)

Walter: »Suppose you get down of your motorcycle and give me a ticket.« (»Nehmen wir mal an, sie steigen von Ihrem Motorrad und geben mir einen Strafzettel.«)

Phyllis: »Suppose I let you off with a warning this time.« (»Nehmen wir mal an, ich laß Sie diesmal mit einer Verwarnung davonkommen.«)

Walter: »Suppose it doesn't take.« (»Nehmen wir mal an, es nützt nichts.«)

Phyllis: »Suppose I have to whack you over the knuckles.« (»Nehmen wir mal an, ich muß Ihnen dafür eins auf die Finger geben.«)

Walter: »Suppose I burst out crying and put my head on your shoulder.« (»Nehmen wir an, ich breche in Schluchzen aus und lege meinen Kopf an Ihre Schulter.«)

Phyllis: »Suppose you try putting it on my husband's shoulder.« (»Nehmen wir mal an, Sie probieren es mit der Schulter meines Mannes.«)

Phyllis und Walter (Fred MacMurray) im falschen Gipsbein werden in wenigen Minuten den unerwünschten Ehemann um die Ecke bringen.

Walter: »That tears it.« (»Das gibt der Sache den Rest.«)

Eigentlich ist er nur vorbeigekommen, um Herrn Dietrichsons Autoversicherung zu erneuern, doch Frau Dietrichsons starke sexuelle Ausstrahlung beraubt ihn jeglicher Vernunft. Stanwyck hat weder die verhaltene Sinnlichkeit einer Rita Hayworth noch die Leidenschaft von Jane Greer. Ihre Sexualität ist zweckgebunden und schnörkellos und wird wie eine Waffe strategisch und sorgfältig eingesetzt, bis das Opfer völlig in einem Netz aus Mord und Betrug eingefangen ist und getan hat, was sie wollte. Sie möchte sich bereichern und ist eine egoistische Neurotikerin mit festem Konzept, die Hindernisse mit rasanter Effizienz aus dem Weg räumt. Walter verläßt das Haus und kommentiert ahnungsvoll: »The hook was too strong, this wasn't the end but the beginning.« (»Der Haken steckte zu tief, das war nicht das Ende, sondern erst der Anfang.«) Er kommt am nächsten Tag zurück, angeblich um mehr über Herrn Dietrichson und die Versicherungspolice zu plaudern, aber es ist Phyllis mit ihren kalten Glasmurmel-Augen und der verheißungsvollen Stimme, die ihn lockt. Sie ist ganz allein und läßt durchblicken, daß sie sowohl an Sex wie auch an einer Unfallversicherung für ihren Mann interessiert ist, der das aber nicht wissen solle, da er sonst nicht unterschreibe. Walter, keineswegs naiv, versteht nur zu gut die unterschwellige Aufforderung zum Mord und die damit verbundene Belohnung. »I'm not that crazy« (»Ich bin nicht so verrückt«), erwidert er knapp, »You won't get away with it, Baby!« (»Damit kommst du nicht durch, Baby!«) – Walter nennt diesen Frauentyp immer vertraulich »Baby«. Danach flieht er in den duftenden Sommerabend. »Murder can sometimes smell like honeysuckle« (»Mord kann manchmal wie Jasmin riechen«), sagt er schließlich im *voice-over*.

Phyllis – nicht die Frau, die sich von so perfekten Opfern wie Walter abwimmeln läßt – besucht ihn überraschend in seinem Apartment unter dem originellen Vorwand, ihm seinen Hut zu bringen, den er angeblich vergessen hat, aber in Wirklichkeit gar nicht trug. Sie selbst erscheint in einem schneeweißen, engen Pulli, was sich in dem dunklen Zimmer sehr attraktiv macht, und ihre Erotik ist überwältigend. Sie werden zu Liebhabern und machen Pläne, wie sie Dietrichson – nach Phyllis' Aussagen ein prügelndes Rauhbein, um das es nicht schade ist – umbringen können. Walter befindet sich in ihrem Bann und in ihren Klauen, ohne die geringste Chance auf Gegenwehr. Im Gegenteil, er kooperiert mit eifriger Bereitwilligkeit und wird in Sekundenschnelle zum Ausführenden, denn Phyllis manipuliert und führt ihn wie eine Marionette. Stanwyck ist bekannt für ihre besonders distinguierte, melodische und sinnliche Stimme (die leider von den meisten nur in einer deutschen Synchronisation gehört werden kann), und als Frau Dietrichson setzt sie diese höchst effektvoll ein. Sie spricht mit eisiger Monotonie, egal, ob sie Walter in ein verbales sexuelles Vorspiel verwickelt oder ihm einen Mordbefehl gibt. Ihr schauspielerischer Stil ist rigide, unpersönlich, ihre Augen sind durchdringend und mißtrauisch, ihr Gesicht gleicht einer Maske.

Allerdings ist Walter nicht unbedingt das unschuldige Opfer, sondern ein frustrierter Angestellter, der sowieso schon lange Lust verspürt, das System zu knacken. Dem Bürohengst, der von neun bis fünf irgendwelchen Leuten Versicherungen verkaufen muß, fehlt Leidenschaft, Aufregung, ja vielleicht sogar ein Blick in die Hölle, um sich dann beruhigt wieder der Mittelmäßigkeit seiner Existenz zu unterwerfen. Die Hölle ist Phyllis, aber für einen Moment auch der Himmel. Er kann nicht zurück, »die Maschinerie hatte angefangen, sich zu bewegen«. Bei seinem nächsten Besuch trifft er Phyllis' bulligen Mann und Stieftochter Lola, eine durchschnittliche, aber aufmerksame junge Frau. Sie sitzen alle in dem düsteren, deprimierenden Wohnzimmer, eine falsche, unangenehme Familie. Die Atmosphäre ist vergiftet und feindlich. Man versteht Phyllis' Verachtung für ihren ungehobelten Mann, die feindselige Stieftochter, das langweilige Leben. Herr Dietrichson unterschreibt unfreiwillig sein Todesurteil, während Phyllis gelangweilt mit Lola Mühle spielt und Walter pfeilschnell vielsagende Blicke zuwirft. Lolas Anwesenheit als Zeugin irritiert Walter, sie repräsentiert das Gute, mit dem er sich noch identifiziert. Der Mordplan ist ziemlich kompliziert: Dietrichson soll zunächst getötet werden, damit Walter seinen Platz an Bord eines Zuges übernehmen kann. Auf diese Weise wollen sie einen Unfall vortäuschen, um die doppelte Versicherungssumme kassieren zu können. Walter muß Phyllis schwören, daß sie von nun an im selben Boot sitzen und alles zusammen machen, »straight down the line« (»auf Biegen und Brechen«).

Walter und Phyllis sind ein interessantes Paar. Es geht um Sex und Kontrolle, es gibt keine romantischen Momente, das Wort Liebe kommt nur vor, wenn Phyllis ihm erklärt, daß sie niemanden liebe, auch ihn nicht. Walter erwidert: »I'm crazy about you, Baby«, und sie antwortet das gleiche. Ihre »Verrücktheit« macht die beiden zu Mördern und Komplizen, die außerhalb des Gesetzes leben. Das passiert häufig im *Film noir*, als ob nur in dieser Form von mörderischer Intimität eine Beziehung zwischen Mann und Frau überhaupt möglich sei.

Doch nach dem nahezu perfekten Mord passiert etwas. Walter ist im Niemandsland gelandet und hat erste Gewissensbisse. »I couldn't hear my own footsteps … it was the walk of a dead man« (»Ich konnte meine eigenen Schritte nicht mehr hören … es war der Gang eines toten Mannes«), erzählt er. Die beiden dürfen sich nicht mehr zusammen sehen lassen und treffen sich von nun an nur noch heimlich im Supermarkt. Der Anblick von Phyllis mit Sonnenbrille, die sich geheimnistuerisch über Reihen von Babynahrung und Cornflakes hinweg im scharfen Flüsterton mit Walter unterhält, während sie Lebensmittel einpackt und ihn wieder mal ermahnt, daß es »straight down the line, for both of us« sei, gehört zu den ungehemmtesten ironischen Szenen im amerikanischen Film.

Keyes, der zigarrenrauchende Boß, ist ein besonders cleverer, intuitiver Typ, der einen siebten Sinn für Versicherungsbetrug hat. Er weiß, daß im Fall Dietrichson etwas nicht stimmt, und verdächtigt bald Phyllis und einen »unbekannten« Komplizen. Keyes hat sofort eine starke Aversion gegen Phyllis. Er findet ihre Sexualität offensiv, vielleicht spürt er auch, daß sie seine eigene Freundschaft zu Walter gefährdet. Er weiß, daß das Täterpaar in der Falle sitzt: »They are digging their own graves« (»Sie schaufeln ihr eigenes Grab«) – nur auf Walter, seinen symbolischen Sohn und Schützling, kommt er nicht. Keyes ist nicht nur Walters Boß und Kumpel, er ist auch eine idealisierte Vaterfigur. Die beiden gehen vertraut und verständnisvoll miteinander um, etwas, das man vergebens zwischen Phyllis und Neff sucht. Walter, der seinem Boß gerne galant die Zigarre anzündet, sagt hin und wieder scherzhaft zu Keyes, wenn der ihn maßregelt: »I love you, too.« Walter und Keyes – das ist die eigentliche Liebesgeschichte in DOUBLE INDEMNITY. Natürlich geht es hier nicht um Homosexualität, sondern um Angst und Mißtrauen in bezug auf Frauen, die durch den emotionalen Rückzug zum eigenen Geschlecht symbolisiert werden.

Walter fühlt sich unwohl. Es geht mit ihm und Phyllis bergab, seit sie sich nicht mehr sehen können. Er begehrt Phyllis nicht mehr so stark und fängt an, ihr zu mißtrauen. Sie wiederum sieht ihre Kontrolle schwinden und mißtraut ihm ebenso. Sein Argwohn hat mit Lola zu tun, die ihn aufsucht und ihm anvertraut, daß sie Phyllis des Mordes an ihrem Vater und ihrer Mutter verdächtigt (Phyllis war die Krankenschwester der ersten Frau Dietrichson). Walter fühlt sich in der Rolle als Vater, der die Familienordnung wiederherstellen muß. Er geht mit ihr aus, damit sie den Mund hält. Lola repräsentiert das *Good girl,* das in den meisten *Films noirs* nicht fehlen darf. In einer Reihe von Einstellungen sieht man die beiden unter anderem bei Kerzenlicht dinieren. Lola sieht Phyllis sehr ähnlich.

Nach und nach wird Walter schließlich die Verbindung zwischen sexuellem Begehren und Tod klar – daß das eine zum anderen führt und das eine mit dem anderen bestraft werden muß. Er spricht in sein Diktaphon: »It was the first time I thought of Phyllis that way – dead.« (»Es war das erste Mal, daß ich auf diese Weise an Phyllis dachte – tot.«) Walter will sich retten, »den ganzen Schlamassel loswerden«, dazu gehört Phyllis, die Ursache aller Probleme. Sie darf ihrer Bestrafung – die er selbst ausführen will – nicht entrinnen. Er kommt zu ihrem Haus, um sie zu töten, doch sie, flink und schlau wie immer, hat dasselbe mit ihm vor. Wir sehen wieder Phyllis' Beine, die langsam die Treppe herunterkommen – nun nicht mehr Gegenstand von Walters begehrlichem Starren. Vorsichtig schiebt sie einen Revolver unter ein Kissen auf der Couch, bevor sie Walter die Tür öffnet. Phyllis ist anscheinend eine echte Killerin, die sich nun Walter vornimmt. Sie wirkt gelassen und professionell, keineswegs verrückt. Es ist eher, als ob es völlig innerhalb des Charakters von Frauen liegt, ein paar Männer umzubringen. Wieder befinden sie sich in dem Wohnzimmer – normalerweise das Symbol für harmonische Familienzusammenkünfte –, in dem alles anfing. Er geht zum Fenster, um die Jalousien zu schließen. Sie schießt ihm in den Rücken. Lediglich verwundet, fordert Walter sie ironisch auf, es noch einmal zu versuchen. Sie läßt die Waffe fallen, umarmt ihn und spricht einen Schlüsselsatz aller *Bad girls* aus: »I never loved you, Walter. Not you, or anybody else. I'm rotten to the heart. I used you, just as you said.« (»Ich habe dich nie geliebt, weder dich noch irgend jemand anders. Ich bin durch und durch schlecht. Ich habe dich nur benutzt, genau wie du gesagt hast.«) Aber sie ist ebenso erstaunt wie er, daß sie nicht noch mal abdrücken kann. Also hat die harte, kalte Frau Dietrichson vielleicht doch noch menschliche Regungen. Sie verharren in der Umarmung, und nun ist Walter an der Reihe mit Schießen – nicht ohne vorher trocken »Goodbye, Baby« gesagt zu haben. Sie sieht überrascht aus. Das ist das Ende von Phyllis Dietrichson in Walter Neffs Armen. Diese Erotisierung des Todes zeigt, daß Begehren und unerlaubte Sexualität nur innerhalb dieses Universums von Sünde und Verbrechen möglich sind.

Walter darf noch etwas weiterleben, Reue zeigen, sein Geständnis zu Ende führen und die Wichtigkeit von Männerfreundschaften herausstellen. Er kann letztendlich seinen geliebten Boß und das eigene Geschlecht nicht betrügen. Schon gar nicht mit einer Frau, der natürlichen Feindin des Mannes. Er hatte keine Probleme, Phyllis zu töten, würde aber nie gegen Keyes sündigen. Die Ehre unter Männern ist ihm heilig, denn sie dient als Schutzschild für das Eindringen der Frau in die geschlossene Männerwelt. Der sterbende Walter weiß, warum Keyes diesen Fall nicht lösen konnte: »Weil der Kerl, nach dem du suchtest, zu nahe war, er saß dir gleich gegen-

Schnell den Revolver unter das Sofakissen, gleich kommt Walter!
Phyllis bereitet kaltblütig den letzten Akt vor.

über am Schreibtisch.« Keyes antwortet: »Näher als das, Walter!«, und Walter erwidert sein typisches »I love you, too«. Dann zündet ihm Keyes eine letzte Zigarette an, eine Umkehrung des üblichen Rituals zwischen den beiden. Die patriarchalische Ordnung ist wiederhergestellt. Phyllis ist längst unwichtig geworden. Die Frau bleibt außen vor.

DOUBLE INDEMNITY wurde ein großer Publikumserfolg, und Stanwyck war eine Sensation. Besonders die Soldaten – immer auf der Suche nach sexy Schauspielerinnen und Pin-up-Girls – waren bei der Premiere 1944 in Los Angeles begeistert von Phyllis' engem Pulli und dem Fußkettchen. Barbara Stanwyck bemerkte über Phyllis hinterher scherzhaft zu einigen Reportern: »I'm afraid to go home with her, she's such a bitch.« (»Ich habe Angst, mit ihr nach Hause zu gehen, sie ist so ein Miststück.«)

Kathy Moffit (Jane Greer) ist in dem Film OUT OF THE PAST im Gegensatz zu Phyllis eines der charmantesten und hübschesten *Bad girls,* das je einen sexbesessenen Helden in einen Plot hineingezogen hat, der dicker und hinterhältiger als ein Sumpf bei Nacht ist. Sie stellt damit eher eine Ausnahme dar. Nichts an ihr ist dominant, harsch oder billig. Sie ist feminin und süß, hat dunkle Augen, eine Stupsnase und einen herzförmigen Mund mit nach oben gezogenen Mundwinkeln. Man sieht ihr nicht an, daß sie fähig ist, zwei Liebhaber den ganzen Film hindurch meisterhaft zu betrügen, ohne auch nur mit der Wimper zu zucken – von den Morden ganz zu schweigen. Ebenso wie Phyllis wird auch Kathy vom Helden im üblichen *voice-over* und in *flashbacks* beschrieben, in der Regel die spannendste Form des Einstiegs. Jeff Baily (Robert Mitchum), ein breitschultriger Ex-Detektiv mit schläfrigen Augen und sparsamem Wortschatz, hat sich als Tankwart in eine Kleinstadt zurückgezogen. Eines Tages wird er zurück in seine Vergangenheit gezerrt, der er eigentlich entfliehen wollte. Sein ehemaliger Brötchengeber, der eitle, egomanische Gangster Whit (ein sehr junger Kirk Douglas), will ihn sehen, und Jeff willigt ein, denn da ist noch etwas Unerledigtes in ihrer alten Geschäftsbeziehung. Bevor Jeff Whits Einladung in dessen spektakuläres Haus folgt, will er seiner schrecklich netten und farblosen Verlobten Ann aber noch die unselige Geschichte mit Kathy erzählen.

Zwei Jahre zuvor war Jeff für eine Belohnung von 10.000 Dollar auf Whits Geliebte Kathy Moffit angesetzt worden, die mit 40.000 Dollar durchgebrannt war. Er folgte ihren Spuren geradewegs nach Acapulco. Schon bei der ersten Begegnung weiß Jeff, wie jeder richtige *Film noir*-Held, der seine *Femme fatale* erblickt, daß er rettungslos verloren ist. Im *voice-over* läßt er uns wissen: »Then I saw her coming out of the sun and I knew I didn't care about that ten grand.« (»Und dann sah ich sie aus der Sonne kommen, und ich wußte, daß mir die 10.000 völlig egal waren.«) Kathy wirkt nicht wie eine gefährliche Mörderin. Ganz Dame, trägt sie ein helles, figurbetontes Seidenkleid, dazu Handschuhe und einen großen Hut. Sie strahlt eine subtile Sexualität aus, und nur die Art, wie sie Jeff mustert, verrät einen Hauch Berechnung. Die beiden sind sich schnell einig, und eine leidenschaftliche Affäre beginnt, die jedoch unbedingt geheimgehalten werden muß, da Jeff dem immer ungeduldiger werdenden Whit gegenüber leugnet, Kathy gefunden zu haben.

Mitchum, meist cool und unnahbar, mit seiner Virilität und Selbstsicherheit eigentlich kein typisches Opfer, ist ungewöhnlich romantisch in dieser Rolle. Er spielt den an der Nase herumgeführten Narren bis zum Ende, denn er liebt Kathy und ist ihr regelrecht verfallen. Jeff faßt seine sexuelle Abhängigkeit von Kathy mit einem Satz in einer Strandszene zusammen. Als sie zum erstenmal nachts im Sand sitzen, beteuert Kathy auf ihre so herzergreifend flehende Art, daß sie die 40.000 Dollar nicht gestohlen habe. Sie redet und redet, er schaut sie nur begehrlich an und denkt offensichtlich nicht an Geld. »Du glaubst mir doch?« fragt sie bettelnd. Er umarmt sie, murmelt »Baby, I don't care« und küßt sie leidenschaftlich. Wenn Jeff Ann küßt, dann sind das freundliche Schwesternküsse ohne Feuer, bei Kathy vergißt er, wer er ist. Kathy und Jeff gehören zu den wenigen Paaren im *Film noir,* die sich

»Wo ist das Geld, Baby?« Ein sehr junger Kirk Douglas bedrängt die abgebrühte Kathy (Jane Greer) in OUT OF THE PAST (1947).

wie Liebende benehmen. Im Gegensatz zu den meisten *Bad girls,* die wenig expressiv in ihrer Mimik sind, ist Jane Greer als Kathy sehr beweglich, leidenschaftlich und pulsierend. Sie repräsentiert zwei der gefährlichsten Talente der Frau: die

Verwandlungskunst und den Betrug. Kathy ist so abgebrüht, sie spielt die Liebende, das ängstliche Mädchen, die verletzliche Frau, die Schutz braucht, mit überzeugenden Beteuerungen, bebenden Lippen und bittenden Augen. Und Jeff fällt jedesmal wieder drauf herein.

Whit kommt nach Acapulco, um Jeff einen Besuch abzustatten. Kathy kann sich gerade noch verstecken. Die beiden Turteltauben fliehen nach San Francisco und spielen für eine Weile ganz verliebt Herr und Frau Bailey. Doch eines Tages sieht Jeff zum erstenmal, wie Kathy die Maske fallen läßt und ihren wahren Charakter zeigt. Er ist schockiert über soviel Kaltblütigkeit und Paranoia. Jeffs ehemaliger Partner war den beiden gefolgt und hatte um eine größere Summe Schweigegeld gebeten. Kathy, selbst geldgieriger als alle anderen, macht kurzen Prozeß, holt den Revolver aus der Handtasche und erschießt eiskalt den von Jeff bereits k. o. geschlagenen Eindringling. Nach dem Mord schlägt Jeff vor, sich für eine Weile zu trennen – und das ist das letzte, was er von Kathy sieht.

Wieder *flashback* zurück zu Ann, die Jeff zuredet, Whit aufzusuchen und ihm verspricht, auf ihn zu warten, egal was käme. Und es kommt eine große Überraschung. Wer setzt sich im kleidsamen Morgenrock an den Frühstückstisch und serviert dem eingetroffenen Gast liebenswürdig lächelnd eine Tasse Kaffee, als wäre er der Ehemann auf dem Weg ins Büro? Kathy. Ein wenig später sucht sie Jeff in seinem Schlafzimmer auf und versucht, ihre Gegenwart und alle anderen Ungereimtheiten zu erklären. Jeff ist nicht interessiert und schmeißt sie raus, atmet dabei aber schwer. Whit plant einen großen Steuerbetrug, wofür Jeff einige Akten stehlen soll. Die Sache geht schief, es gibt schon wieder eine Leiche, und Kathy scheint erneut ihre behandschuhten Finger im Spiel zu haben, obwohl Jeff des Mordes beschuldigt wird. Der stellt Kathy zur Rede, die aber wieder in Hochform ist. Klar, das kennt Jeff inzwischen. »You are wonderful, Kathy«, sagt er zynisch und schickt sie weg. Aber sie kommt wieder und umgarnt ihn mit derselben Nummer. Kathy ist eine pathologische Lügne-

Der Revolver ist immer in der Handtasche. Kathy (Jane Greer) beobachtet mit eiskaltem Blick die zwei Männer im Schatten, bevor sie einen erschießt.

rin und kann sich aus jeder Situation herausreden, selbst wenn sie in flagranti ertappt wird. Als perfekte Schauspielerin ist es ihr möglich, von einer Sekunde zur nächsten den Revolver wegzustecken, zu beteuern »I couldn't help it« und große unschuldige Baby-Augen dabei zu machen. »You're

Der Mann im Trenchcoat und die Dame im Abendkleid. Robert Mitchum überrascht Jane Greer bei einer ihrer Lügereien in OUT OF THE PAST.

like a leaf that blows from one gutter to the next. You never can help anything, even murder« (Du bist wie ein Blatt, das von einer Gosse zur nächsten geblasen wird. Du kannst nie für irgend etwas, nicht mal für Mord«), kommentiert Jeff angeödet. Er flieht zurück in seine Kleinstadt, versteckt sich und verspricht Ann, daß wirklich alles mit der bösen Kathy vorbei sei. Ann mag so viel Schlechtigkeit nicht ganz hinnehmen. »She can't be all bad« (»Sie kann nicht nur schlecht sein«), beschwichtigt sie. »She comes the closest« (»Sie ist aber dicht dran«), entgegnet Jeff lakonisch.

Das blonde, liebe und gute Mädchen glaubt störrisch an Jeff. Gegen jede Vernunft und jedes Indiz. Beide Frauen gehörten eigentlich auf die Couch eines Therapeuten. Kathy muß lügen, Ann muß lieben, eine sehr ernst zu nehmende weibliche Konditionierung. Jeff beteuert seine Unschuld an dem letzten Mord. »I believe you«, erwidert Ann milde. Jeff fragt sie mit Recht etwas ungläubig: »Do you believe everything I say?« Absolut, sie ist das personifizierte Verständnis mit einem Hauch von Masochismus. Beim Angeln kommt es zu einem weiteren Mordversuch an Jeff, aber er kann dem Schützen, einem von Whits fiesen Bodyguards, zuvorkommen. Jeff weiß, daß er zurück in die Vergangenheit und zu Whits Haus muß. Dort angekommen, ist es merkwürdig still. Das liegt daran, daß Whit erschossen auf dem teuren Teppich im Wohnzimmer liegt. Kathy, in Hut und Mantel, ist am Kofferpacken und hat es scheinbar etwas eilig. Sie lächelt einladend, weiß aber, daß sie mit ihren Betrügereien und Morden ziemlich am Ende ist. »We could go back to Acapulco and start all over again« (»Wir könnten zurück nach Acapulco gehen und wieder von vorne beginnen«), bettelt sie. Dann fügt sie mit vor Leidenschaft vibrierender Stimme hinzu: »I never stopped loving you, even when I was bad.« (»Ich habe nie aufgehört, dich zu lieben, auch nicht, wenn ich schlecht war.«) Das macht sie wieder ganz wunderbar. Die zwei sind inzwischen wie ein eingespieltes Ehepaar. Jeff weiß, daß er ein kompletter Idiot ist, aber er hat aufgegeben, sich gegen Kathy zu wehren: Sie ist sein Rauschgift, sie hat sich unter seine Haut gebohrt, sie pocht in seinen Venen, lebt in seinem System. Ihre Sexualität macht ihn willenlos, er unterwirft sich ihr, und jede Falle erscheint verlockend, solange sie mit drin sitzt. Er will mit ihr weggehen, Ann existiert nicht mehr. Kurz bevor Kathy und Jeff zu ihrer letzten Reise aufbrechen, erklärt sie ihm noch einmal kurz und bündig, wie die Situation zwischen einem so gesetzlosen Paar nun einmal ist: »You're no good for anybody but me, we deserve each other.« (»Du bist für keinen gut außer für mich, wir verdienen uns gegenseitig.«) Jeff sieht das ein, und sie fahren los, mitten in eine Polizeisperre. Kathy vermutet, daß Jeff sie verraten habe, und verliert umgehend ihre Damenhaftigkeit. »Dirty, double-crossing rat« (Du dreckige, hinterhältige Ratte«), zischt sie, greift nach dem Revolver und pumpt ihn mit Blei voll. Ihr Gesicht hat dabei einen Ausdruck, als hätte sie sich eben nur einen Fussel vom Mantel gefegt. Aber natürlich gibt es Gerechtigkeit, und der Arm des Gesetzes greift auch nach Kathy. Die Bullen eröffnen das Feuer, und wieder einmal liegen ein Mann und eine Frau erschossen im Auto übereinander, im Tod vereint. Ann, zu Hause in der Kleinstadt, zermartert sich den Kopf nur über eine Sache, die sie einfach wissen muß. Sie fragt den Jungen, der bei Jeff in der Tankstelle arbeitete: »Was he going away with her?« (»Ist er mit ihr weggegangen?«) Der nickt nur. Ann verläßt mit einem Lächeln auf den Lippen die Stadt.

Frank Chambers (John Garfield) geht es in dem Film THE POSTMAN ALWAYS RINGS TWICE (wieder nach einem Roman von James M. Cain) nicht viel besser als Jeff Bailey. Auch er wird von einer *Femme fatale* in einen Strudel aus Leidenschaft, Betrug und Mord hineingerissen. Gegen seinen Willen natürlich und unter Zuhilfenahme von Sex. Frank ist ein Drifter und Gelegenheitsarbeiter, der durch Kalifornien trampt, um sich hier und dort ein paar Dollars zu verdienen. »I'm a restless guy« (»Ich bin ein rastloser Mann«), sagt er von sich und hat eigentlich nicht vor, lange zu bleiben, als ihn eines Tages der Besitzer einer heruntergekommenen Raststätte mit Tankstelle als Aushilfe anheuert. Nick, ein dicker, jovialer Mann um die 50, Typ einfältige Frohnatur und Trinker, scheint ein gutmütiger Boß zu sein. Aber das Unheil hat bereits seinen Lauf genommen. Frank weiß es nur noch nicht. Nichts könnte Unheil durch sexuelle Attraktion besser einleiten als

der Auftritt von Cora Smith (Lana Turner), Nicks junger, unruhiger Ehefrau. Frank steht in der Küche und will sich einen Burger braten, als etwas auf den Fußboden fällt und auf ihn zurollt. Es ist ein Lippenstift. Er hebt ihn auf, die Kamera geht mit und fährt langsam von Coras Füßen, die in weißen Pumps stecken, an ihren nackten Beinen hoch über die weißen Shorts und das kleine Oberteil, das die Taille freiläßt, bis zu ihrem unbeteiligten Gesicht, das von einem schicken, weißen Turban umschlossen ist. Der verdutzte Frank gibt ihr den Lippenstift zurück. Ohne ihn eines Blickes zu würdigen, nimmt Cora den Lippenstift, lehnt sich in den Türrahmen, holt eine Puderdose hervor und malt sich ohne Hast die leicht schmollenden Lippen an, während Frank sie völlig fasziniert anstarrt. Dann dreht sie sich um, geht hinaus und knallt die Tür zu. Der Burger ist in der Zwischenzeit angebrannt – welch ein Symbol –, und Frank und wir wissen, daß er gerade seinem Schicksal in die Augen geschaut hat und aus diesem schäbigen Nest nicht so schnell wegkommen wird. Cora tut natürlich nur so desinteressiert. Ihr ist das unverhohlene Begehren, das aus Franks Augen leuchtete, unter die Haut gegangen. Seine Gegenwart macht sie nervös, sie rennt – mittlerweile in einen braven, weißen Kittel gekleidet – herum wie eine Tigerin, schrubbt die Töpfe und kommandiert Frank mit einem arroganten Gesichtsausdruck herum. Als sie ihm befiehlt, alle Stühle im Restaurant zu streichen, hat er genug, packt sie und küßt sie stürmisch. Cora ist cool, wischt sich nur den Mund ab, holt den Lippenstift wieder heraus und malt sich die Lippen neu an. Frank wird für den geraubten Kuß mit gespielter Entrüstung bestraft und berichtet im *voice-over:* »She didn't look at me for weeks. I felt like a cheap nobody, I disturbed her. I knew she hated me for that worst of all.« (»Sie schaute mich wochenlang nicht an. Ich fühlte mich wie ein billiger Niemand. Ich störte sie. Ich wußte, daß sie mich dafür am meisten haßte.«)
Die Stimmung im Hause ist explosiv, Frank streicht um Cora herum, läßt sie nicht aus den Augen, während sie kocht, putzt und abwäscht, etwas, das sie mit großem Gusto tut, ohne daß

ihre weißen Kittel knittern und die steife, platinblonde Frisur auch nur den geringsten Schaden nimmt. Als sie wieder einmal die Hände dekorativ in der Seifenlauge hat, platzt Frank mit der Frage heraus, die uns alle interessiert. »Tell me one thing. How did you ever come to marry a guy like that?« (»Sag mir nur eines. Warum in aller Welt hast du so einen Typen geheiratet?«) »Is that any of your business?« (»Geht dich das irgendwas an?«) schnappt sie zurück. »Maybe« (»Vielleicht«), entgegnet er vielsagend. Der alte Nick merkt nicht, welches Katz-und-Maus-Spiel sich vor seinen Augen abspielt, er schätzt Frank und hält sich für den glücklichsten Mann der Welt mit so einer anständigen und attraktiven Frau. Er fordert Frank sogar auf, mit Cora nachts ein bißchen im Ozean schwimmen zu gehen, was dem Kostümbildner Gelegenheit gab, Lana mit einem weißen Frotteeturban und weißem Bikini (einem damals sehr gewagten Kleidungsstück) sowie dazu passender Jacke und Sandalen auszustaffieren. Cora ist nach

Tödliche Liebe: Lana Turner und John Garfield sind ein sexbesessenes Killerpärchen in dem Thriller mit dem denkwürdigsten aller Titel: THE POSTMAN ALWAYS RINGS TWICE (1946).

dem Bad etwas gesprächiger und beantwortet endlich Franks Frage mit einer der typischen Kleinstadt-Storys, in denen sich eine frühreife Schönheit in den Hafen der Ehe rettet, bevor Verführung und Sex ihr zum Verhängnis werden: »I married him, because he was the first man who wanted to marry me. Men have been buzzing around me since I'm fourteen« (»Ich habe ihn geheiratet, weil er der erste Mann war, der mich heiraten wollte. Die Männer schwirren um mich herum, seit ich 14 bin«), erzählt sie mit einem abfälligen Lächeln – und man weiß, was die von ihr wollten. Frank und Cora sind sich einig, daß es keinen Sinn hat, gegen ihre verbotene Leidenschaft zu kämpfen.

Als Nick für einen Tag eine Geschäftsreise unternimmt, packen die zwei ihre Koffer, um durchzubrennen. Scheinbar ohne einen Cent finden sie sich auf einer staubigen Landstraße wieder, um dem Glück entgegenzutrampen. Keiner nimmt sie mit, insofern erstaunlich, weil Cora sehr fesch in ihrem blütenweißen Kostüm und der weißen Baskenmütze aussieht (sie ist beinahe den ganzen Film hindurch in Weiß). Sie laufen ein paar Meilen, als Cora plötzlich – müde, staubig, verschwitzt und ohne Geld – den Entschluß faßt, wieder zurückzukehren, denn sich einfach wegzustehlen und Nick die Raststätte zu überlassen, in der sie so viel abgewaschen und gekocht hat, ist nicht ihre Sache. Sie würde viel lieber das Restaurant auf Vordermann bringen. Mit ungeahnter Intensität starrt sie ihn an und stößt hervor: »I want to be somebody.« Sie kehren zurück und machen so weiter wie vorher. Nick hat natürlich nichts bemerkt, doch die Spannung im Haus ist unerträglich. Cora und Frank drücken sich in dunklen Ecken herum, atmen schwer und verschlingen sich mit Blicken. Einmal macht Cora leichthin eine Bemerkung darüber, wie schön es wäre, wenn es Nick nicht gäbe. Frank hat eine seiner Vorahnungen: »Right then I should have walked out of that place. She had me licked and she knew it.« (»In dem Moment hätte ich einfach weggehen sollen. Sie hatte mich im Griff und wußte das auch.«) Aber er bleibt. Als sie sich bald darauf leidenschaftlich an ihn preßt und mit bebenden Nasenflügeln fragt: »Do you love me so much that nothing else matters?« (»Liebst du mich so sehr, daß dir alles andere egal ist?«), antwortet er folgsam: »Yes.« Sie darauf im Flüsterton: »Something could happen …« (»Es könnte ja etwas passieren …«) Frank ist schockiert, doch Cora beschwichtigt ihn mit Liebesbeteuerungen und betont, daß sie eigentlich ganz und gar nicht so sei, nur eben dieses eine Mal eine solche Idee habe.

Die beiden wollen Coras Ehemann in der Badewanne mit einem elektrischen Schlag töten, und Frank hat sich auf dem Dach entsprechend an Kabeln zu schaffen gemacht. Aber der dicke Nick hat die Kondition eines Stiers, überlebt und wird ins Krankenhaus gebracht. Endlich allein, verleben Cora und Frank ein paar Tage voller Liebe und Leidenschaft. Cora gesteht, welche Angst sie bei dem Mordanschlag hatte, und kommt mit einem blendenden Vorschlag, wie ihn nur eine Frau machen kann: »From now on you'll be the brain and I work so hard.« (»Von nun an bist du der Kopf, und ich werde hart arbeiten.«) Keine gute Idee, denn Frank kann noch nicht einmal sein Hirn dazu benutzen, zu sehen, daß er auf einen Abgrund zutaumelt. Er ist völlig von Cora besessen. Als die Nick aus dem Krankenhaus holt, packt er seine Sachen in einem letzten Anflug von Klarsicht und verschwindet. Doch kurze Zeit später trifft Nick ihn in der Stadt und überredet ihn, zurückzukommen. Bei seiner Ankunft wirft Cora ihm nur einen ihrer eisigen Blicke zu. Als Nick begeistert erzählt, daß er die Raststätte verkaufen wolle, um mit seiner Frau zu seiner schwerkranken Schwester in ein noch gottverlasseneres Nest zu ziehen, bekommt Cora Panik, greift sich Frank und raunzt ihn an: »So you love me? Why do you let him take me away to some dumpy town, where I waste away the rest of my life?« (»So, du liebst mich also? Warum läßt du zu, daß er mich in eine miese Kleinstadt bringt, wo ich den Rest meines Lebens versauern werde?«) Da hilft nur ein neuer Mordversuch. Diesmal soll Nick einen Autounfall haben, sehr glaubhaft, weil er ja immer betrunken fährt. Nick kriegt mit der Flasche eins über den Schädel, dann wird das Auto einen Abhang hinuntergerollt. Aber ein pfiffiger Staatsanwalt, der Cora und Frank schon beim ersten »Unfall« in Verdacht hatte, macht sich seinen Reim und erhebt Mordanklage gegen die beiden. Jetzt geht das Theater erst richtig los. Der Staatsanwalt knöpft sich Frank vor und erzählt ihm, daß Nick eine hohe Lebensversicherung hatte und Cora beide Männer umbringen wollte, um das Geld zu kassieren. Frank wird mürbe gemacht, und als ihm ein Freispruch zugesichert wird, falls er unterschreibe, daß sie die Täterin sei, tut er das auch. Mit Cora macht der gerissene Staatsdiener dasselbe. Sie legt wutentbrannt ein Geständnis ab und beschuldigt Frank der Mittäterschaft. Cora wird angeklagt, kommt aber aufgrund eines ausgebufften Deals zwischen Staatsanwalt und Richter auf Bewährung frei.

Frank und Cora kehren zusammen in die Raststätte zurück – der Haß schwelt zwischen ihnen, aber sie heiraten, »weil die Leute sonst reden würden«. Cora, jetzt eine Berühmtheit, übernimmt das Kommando, peppt den klapprigen Laden zu einem gutgehenden Restaurant auf. Während Cora sich bei ihrer sterbenden Mutter aufhält, fängt Frank eine Affäre mit einem Mädchen an, das ihn auf der Straße wegen ihres stehengebliebenen Autos um Hilfe gebeten hatte. Cora, jetzt nur noch in Schwarz gekleidet (die Mutter starb), findet die Affäre heraus und ist außer sich vor Wut. Sie droht Frank, ihn der Polizei auszuliefern, und behält so die Kontrolle. Keiner traut dem anderen, bis der Gehilfe des Staatsanwalts auftaucht, der damals Coras Geständnis getippt hatte und sie nun erpressen will. Doch gemeinsam machen sie ihn fertig und nehmen ihm das verhängnisvolle Schriftstück ab.

Cora, am Ende geläutert, möchte ein neues Leben mit Frank anfangen, denn sie ist schwanger und wünscht sich für die Zukunft weniger mörderischen Trubel, dafür aber »kisses with dreams in them«. Glücklich und verliebt sehen wir die beiden auf dem Highway fahren, als ein Auto auf sie zurast, dem Frank nicht ausweichen kann. In der nächsten Szene liegt Cora sehr dekorativ, aber auch sehr tot quer über dem Rücksitz. Als Frank des Mordes an ihr angeklagt wird, berührt ihn

Ganz in Weiß … Cora (Lana Turner), die Sex-Sirene aus der Vorstadt, will höher hinaus und verläßt mit Frank (John Garfield) das traute Heim.

das kaum: »I loved her so much, I could have died for her.« (»Ich habe sie so sehr geliebt, ich wäre für sie gestorben.«) Sein Wunsch geht in Erfüllung. Er kommt in die Gaskammer und murmelt kurz vorher endlich etwas, wenn auch ziemlich Unverständliches, über den zweimal klingelnden Postboten, der dem Film seinen verrückten Titel gab.

Cora Smith ist im Gegensatz zu Phyllis keine eiskalte Verbrecherin, ihr Vergehen ist, daß sie sich in Frank verliebt, und ihr Verhängnis ist Sex. Sie ist eine Kleinstadtsirene, die geheiratet hat, um ihrem stumpfen Leben, das mit windigen Männern und enttäuschenden Affären vollgestopft war, ein Ende zu bereiten. Der für *Bad girls* sonst eher abwegige Wunsch nach Ehrbarkeit und Bürgerlichkeit, der nur durch eine Eheschließung erfüllt wird, läßt Cora für eine Weile ihr sexuelles Begehren verdrängen. Das ist der Deal: Der Ehemann gibt ihr Sicherheit, unterbindet aber jegliche Sexualität. Sie spielt gelangweilt ihre Rolle, bis ein Opfer ins Haus schneit, ein Mann, der all die schlummernden Begierden weckt. Aber Sex außerhalb der Ehe hat seinen Preis, denn Ehe und Sex geht nicht. Auch nicht im *Film noir.*

Niemand weiß das besser als Rita Hayworth in THE LADY FROM SHANGHAI. Orson Welles' Film ist die rauschhafte Fabel von einem irischen Seemann, der sich in die schöne Ehefrau eines reichen, verkrüppelten Anwalts verliebt. »I'm a fool« (»Ich bin ein Narr«), bekennt Michael O'Hara (Orson Welles) mehrere Male im Film, aber er kann sich nicht helfen, ihm ist alles egal, auch wenn er der Betrogene, der Ausgenutzte, der Narr ist. Im *Film noir* regiert die Umkehrung des traditionellen *Love story*-Prinzips: der Mann – und nicht die Frau – verzehrt sich vor Leidenschaft und verzichtet, nur um ihr nahe zu sein. Selbstverständlich wieder im *voice-over*, stellt Michael sein Treffen mit der geheimnisvollen Blondine in melancholisch-düsteren Worten dar: »Once I've seen her, I wasn't in my right mind for a long time. From that moment on I didn't use my head much except for thinking about her.« (»Nachdem ich sie das erstemal gesehen hatte, war ich lange Zeit nicht mehr ganz bei Sinnen. Von dem Moment an habe ich meinen Kopf nicht mehr viel benutzt, es sei denn, um an sie zu denken.«) Es ist leicht zu verstehen, warum ein dicklicher, armer, zu philosophischen Betrachtungen neigender Matrose in Elsa Bannister (Rita Hayworth) den personifizierten Traum von Glamour, Weiblichkeit und Hilflosigkeit

sieht. Sie sitzt ganz allein in einer der berühmten Pferdekut-
schen im Central Park – in einem gepunkteten Sommerkleid,
das platinblonde, kurze Haar zurückgebürstet. Er fragt sie
nach einer Zigarette, sie lächelt ihn liebenswürdig an und antwortet: »Aber ich rauche nicht.« Worauf er ihr eine anbietet,
die sie auch nimmt und in ihre Handtasche steckt. Orson Welles liebt eben das Absurde. Später wird Elsa im Park von Die-
ben überfallen (eine aus heutiger Sicht völlig plausible Szene). Michael findet ihre Handtasche und tritt als Retter auf.
Er gibt ihr die Tasche zurück, aus der ein Revolver hervor-
schaut. »Warum hast du die Handtasche weggeworfen?« fragt
er erstaunt. »Ich weiß nicht, wie man schießt«, erwidert sie mit
einer bezaubernden Unschuldsmiene. »Ganz einfach«, entgegnet Michael, »du drückst einfach ab.« Wir wissen natürlich, daß sie lügt, denn jede Frau, die im Film einen Revolver
in der Handtasche trägt, benutzt ihn über kurz oder lang. Elsa
gesteht, daß sie die Ehefrau des berühmten Anwalts Bannister sei, der gerade einen Matrosen für die Yacht sucht, und
bittet Michael ziemlich flehentlich, doch anzuheuern – ihr
zuliebe. Dabei nimmt ihr Gesicht einen verzweifelten Ausdruck an. Als das nichts nützt, gurrt sie verführerisch: »I make
it worth your while.« (»Ich sorge dafür, daß es sich lohnt.«)
Michael ergreift die Flucht.
Bannister, ein haifischgesichtiger Krüppel mit geschienten
Füßen, kommt schließlich selbst meisterhaft mühsam auf zwei
Krücken in die Hafenkneipe geschaukelt, um Michael anzu-
werben. Der weiß, daß er ablehnen sollte, kann aber der Versuchung, der blonden Beauty nahe zu sein, nicht widerstehen.
Also ist man bald auf Bannisters Yacht, wo Michael den täg-
lichen Quälereien des sadistischen Ehemanns ausgesetzt ist.
Elsa hat nichts Besseres zu tun, als den ganzen Tag im aufreizenden, schwarzen Satineinteiler auf Felsen zu liegen, ihren
süßen Dackel (Tiere haben im *Film noir* eigentlich absolut
nichts zu suchen!) zu liebkosen oder sich auf Deck zu räkeln
und dabei ein sehr trauriges Lied zu singen.
Michael wird das zuviel, er will vom Schiff. Elsa, angetan mit
einer feschen Kapitänsmütze und dazu passender Jacke, stellt

sich ihm in den Weg und flüstert verzweifelt: »Du mußt bleiben.« Später holt sie sich eine Zigarette von ihm – sie hat inzwischen das Rauchen angefangen – und läßt sich Feuer geben. Langsam nähern sich ihre Lippen den seinen. Aber anstatt sie zu küssen, knallt Michael ihr eine und stellt ihr die zeitlose, selten beantwortete Frage: »Do all rich women play games?« (»Spielen alle reichen Frauen solche Spiele?«) Ihre Augen gleichen denen eines verwundeten Rehs, und ihre Lippen beben, während sie flüstert: »Ich hätte nie gedacht, daß du das tun würdest.« Michael, anscheinend genauso überrascht, erwidert: »Ich auch nicht.« Eins zu eins. – Mit traurigem Blick erklärt Elsa ihr Verhalten: »I'm not, what you think I am, I'm just trying to be.« (»Ich bin nicht, was du denkst, ich versuche es nur zu sein.«) Sie gesteht ihm ihre Selbstmordgedanken und macht so ganz nebenbei geheimnisvolle Andeutungen über ihr früheres Leben in Shanghai, wo es viele Sprichworte gäbe. Eines davon laute: »Love doesn't last long.« (»Liebe hält nicht lange.«) Aber ihre Verbindung zu diesem geheimnisumwobenen Ort bleibt eines der großen Mysterien im Film. Shanghai übte auf Hollywood eine besonders starke Anziehungskraft aus, vor allem in Verbindung mit Exotik und Erotik. Denken wir an Marlene Dietrich in SHANGHAI EXPRESS (1932) oder an den Film THE SHANGHAI GESTURE (1941) (beide von Josef von Sternberg, einem uneingeschränkten Bewunderer asiatischer Exotik). Natürlich weiß der Zuschauer, daß Frauen, die in Shanghai waren, gefallene und wahrscheinlich auch käufliche Frauen mit einer dunklen Vergangenheit sind. Sicherlich war auch Elsa – ebenso wie Cora – aus irgendeinem kleinen Nest im Mittelwesten. Aber während ihre Freundinnen sich mit irgendwelchen netten Söhnen dieser Stadt verlobten, war sie unruhig und unglücklich, rauchte, küßte den lokalen Rebellen, wollte dem Mief und den aufdringlichen Wachhundblicken der Bürger entfliehen. Elsa spricht perfekt Chinesisch, was sehr gelegen kommt, denn die letzten Szenen spielen in San Franciscos Chinatown, wohin sie, mit Nerzmantel und fescher, federgeschmückter Kappe bekleidet, flieht. Doch vorher gibt es noch ein wunderbar surrealistisches heimliches Treffen im städtischen Aquarium. Vor den langsam dahingleitenden riesigen Kraken und Rochen hinter Glas küssen sich die Liebenden, und Elsa fleht Michael an: »Nimm mich fort.«

Der Krimi-Plot des Films ist mehr als dürftig. Auf dem Schiff meldet sich ein völlig verrückter Anwalt, ein Freund der Bannisters, und fragt Michael, ob er für ein paar Tausender eine falsche Morderklärung unterschreiben würde, damit er für immer verschwinden könne, ohne daß nach ihm gesucht würde. Keine Leiche, keine Anklage, eine sichere Sache. Michael willigt ein. Das Problem ist nur, daß der Typ an dem vorbestimmten Tag tatsächlich erschossen wird und man das Mordgeständnis bei Michael findet. Er wird angeklagt, aber von

Elsa Bannister (Rita Hayworth) und Michael O'Shea (Orson Welles) sind in ein mörderisches Netz verwickelt.

Bannister verteidigt. Bald darauf geschieht ein weiterer Mord, und – lange Rede, kurzer Sinn – die Täterin ist niemand anderes als Elsa, scheinbar nur halb so liebreizend, wie sie immer tut. Warum nun Elsa diese Morde begangen hat, ist sehr schwer herauszubekommen, was an dem Drehbuch liegt. Wir sehen nur, daß sie eine sehr passive, leidenschaftslose Mörderin ist. Sie liebt weder sich noch das Leben, sitzt in der Ehefalle und haßt ihren Ehemann, der sie nie freigeben würde, weil er in ihr eine Art Trophäe und Kompensation für seinen verkrüppelten Körper sieht. Der Schluß – zugleich Höhepunkt und eine der berühmtesten Szenen aus dem Repertoire des *Film noir* – findet in einem Spiegelkabinett statt. Michael und Elsa haben sich dort versteckt. Michael, der endlich herausgefunden hat, daß Elsa die Mörderin ist, bemerkt traurig: »For a smart girl you make a lot of mistakes.« (»Für ein schlaues Mädchen machst du eine Menge Fehler.«) Gleich darauf kommt Bannister auf seinen Krücken angewackelt, wir sehen allerdings nur sein verzerrtes Spiegelbild. Er ist zum *Showdown* mit Elsa gekommen, und wir werden Zeugen, wie die beiden Lebensmüden ihre Spiegelbilder gegenseitig zerschießen und sich tödlich treffen. Während Bannister noch eine masochistische Liebeserklärung macht: »Killing you is killing myself«, blickt Elsa, die mit würdevoller Eleganz in ihrem schwarzen Kostüm auf dem Boden liegt, mit traurigen Augen auf Michael und haucht sentimental »Give my love to the sunrise« (»Grüß' den Sonnenaufgang von mir«), bevor sie stirbt. Michael, mit gebrochenem Herzen, aber immer noch ungebrochenem Hang, die tragischen Dinge des Lebens in schöngefärbte Betrachtungen zu kleiden, philosophiert nur: »Everybody is somebody's fool. Maybe I live so long to forget her. Maybe I die, trying.« (»Jeder ist irgend jemandes Narr. Vielleicht lebe ich lange genug, um sie zu vergessen. Vielleicht sterbe ich, während ich es versuche.«)

Die Hintergrundinformationen zu THE LADY FROM SHANGHAI werfen übrigens ein interessantes Licht auf den Film. Drehbuchautor und Regisseur Welles, Amerikas *Boy genius* (CITIZEN KANE, 1941), war der zweite Ehemann der Gla-

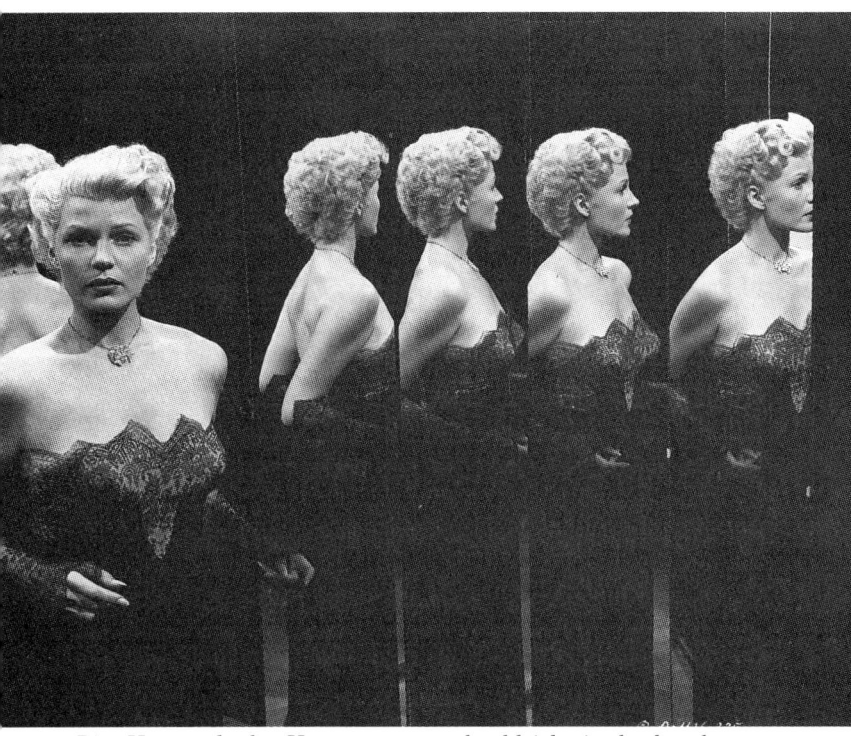

Rita Hayworth, das Haar gestutzt und gebleicht, in der berühmten Spiegelszene aus Orson Welles' DIE LADY VON SHANGHAI (1948).

mour-Göttin Hayworth. Die Ehe war ein Desaster, und als der Film gedreht wurde, hatte man die Scheidung gerade eingereicht. Das macht natürlich die Story vom liebestrunkenen, aber unschuldigen Matrosen Michael/Orson und der schlechten, mörderischen *Femme fatale* Elsa/Rita besonders spekulativ. Welles zeigte Rita im Film als traurige und verzweifelte Killerin, die Melancholie und tiefes Unglück ausstrahlt – und sich selbst als Narr, der blind vor Liebe in die Falle des Weibes tappt. Welles hatte etwas Besonderes vor, er wollte Rita neu definieren, aus ihr eine »dramatische« und »ernsthafte« Schauspielerin machen, ihr seinen Stempel aufdrücken und Schöpfer spielen.

Ein ganz besonderes Spektakel, das die Publicity-Abteilung

von Columbia groß ankündigte, war die Tat des Studio-
friseurs, der Rita auf Anordnung von Welles für die Rolle die
roten Tressen radikal stutzte und weißblond einfärbte. Ein
Boß bei Columbia schrie nur: »Oh, mein Gott, was hat der
verdammte Bastard gemacht!« Welles war sowieso unbeliebt
in Hollywood. Der Film wurde kein Kassenschlager. Die Fans
von Rita Hayworth, deren Markenzeichen bisher ihre rote,
lockige Mähne gewesen war, konnten wenig mit dem platin-
blonden, mordenden *Bad girl* anfangen. Obwohl Rita sensa-
tionell aussah, ließ sie sich nach den Dreharbeiten ihre Haare
zurückfärben und wieder wachsen. Eine Blondine sein zu
müssen war wohl eine zu schmerzliche Erinnerung an die
Scheidung und den Kino-Flop.

Schwarzes Herz und rote Lippen

Da der erste Auftritt eines *Bad girls* Stimmung und Spannung festlegt, ist es von größter Wichtigkeit, wie es präsentiert wird. *Films noirs* sind visuell sinnlich und außergewöhnlich expressiv. Unsere Heldinnen, Geschöpfe der Nacht, kommen häufig aus dem Schatten, ihr hellhäutiges, hartes Gesicht ist Teil der abstrakt »expressionistischen« Beleuchtung. Die Frau ist ein Sexualobjekt – gefährlich, begehrt, destruktiv –, und das herausragendste stilistische Element ist ihre sexuell anziehende Darstellung. Von Rita Hayworth als Gilda sehen wir zuerst die üppige Mähne, die sie schüttelt, von Lana Turners Cora die nackten Beine. Barbara Stanwyck ist als Phyllis Dietrichson zunächst nur mit einem Handtuch bekleidet, und Jane Greer tritt als Kathy wie eine Lichtgestalt auf, die aus der Dunkelheit kommt.

Ihren ganz speziellen, unverwechselbaren Look verdanken die *Bad girls* der extravaganten Mode der vierziger Jahre. Die eleganten und erotischen Outfits, oft in Schwarz (die Farbe für *Bad girls* jeder Couleur), wurden zum perfekten Kleidercode der *Femmes fatales* und waren wie geschaffen für sexuelle Phantasien und Verführung. Spitzen, Pailletten, Goldlamé, Samt und fließender Satin betonten schmale Taillen und wohlgeformte Brüste. Allein die schwarzen Strümpfe mit Naht und die Schuhe mit Plateausohlen und Fesselriemchen sorgten für mehr Aufregung als ein nackter Nabel. Verwegene Hüte, mit Schleiern verziert, waren keck über ein Auge gezogen und thronten auf perfekt gelockten Haaren, die entweder lang über die Schultern fielen oder zu einer »Pudel«-Frisur aufgetürmt waren. Silberfüchse, lässig über eine Schulter geworfen, Zigaretten zwischen Fingern mit blutrot gelackten, langen Nägeln und voll ausgemalte rote Lippen, die in leicht mokanter Manier den Rauch ausbliesen, während die gebogenen Augenbrauen spöttisch über den langwimprigen Augen hochgezogen wurden – das war die feminine Seite, die Sexualität betonte. Aber es existierte auch eine leicht maskuline,

Sexy Gilda. Rita Hayworth (und ihr Trägerloses) war eine Sensation als das verführerische, schöne Playgirl Gilda in dem gleichnamigen Film von Charles Vidor (1946).

nicht weniger beeindruckende Variante, die Unabhängigkeit und Aggressivität ausdrücken sollte – in breitschultrigen Schneiderkostümen von erstaunlichem Schick (am besten getragen von Joan Crawford). Es gibt ein berühmtes Kleid, das geradezu als Arbeitsuniform für die planmäßige Verführung von Männern gelten kann, und das ist Rita Hayworths schwarzes, enges, trägerloses Satinkleid in GILDA (Charles Vi-

Joan Crawfords breite Schulterpolster spielten eine wichtige Rolle in all ihren Filmen. Der unvergleichliche Glamour der vierziger Jahre gab den Bad girls *ihre erotische Ausstrahlung.*

dor, 1946), das sie spielerisch in einem Striptease auszuziehen versucht. Allerdings standen den Hollywood-Stars von damals eine Reihe von zu Recht berühmten Kostümbildnern zur Seite, die nichts weiter taten, als sich für jede Szene noch originellere und luxuriösere Outfits auszudenken. Die Stars kamen täglich zur Anprobe und wurden mit einem Aufwand, von dem man heute im Film nur träumen kann, langsam in die unvergeßlichen Heroinen verwandelt, die mit ihrem Look natürlich alle männlichen Darsteller, die lediglich Doppelreiher, Trenchcoats und vielleicht einmal eine verwegene Krawatte trugen, überstrahlten. Travis Banton kleidete Marlene Dietrich ein, Adrian, Edith Head, Irene, Walter Plunkett und Orry-Kelly (für Gildas Garderobe verantwortlich) schneiderten für Stars wie Joan Crawford, Bette Davis, Ginger Rogers und Greta Garbo.

Aber Glamour und Schönheit der *Bad girls* drücken keineswegs sofort Verdorbenheit und tödliche Anziehungskraft aus – oft sind sie sogar hinderlich. Haß, Abscheu oder Verachtung werden nicht überzeugender von einer Traumfrau wie Rita Hayworth verkörpert. Rita hatte einfach nicht die Qualität des Ruchlosen, denn dafür braucht es Charakterdarstellerinnen und starke, ausdrucksvolle Frauen wie Bette Davis und Barbara Stanwyck oder durchschnittlich wirkende, aber effektvolle Frauen wie Gloria Grahame oder Kuriositäten wie Ann Savage. Interessant ist auch Joan Bennett, die viele erstklassige und sehr, sehr schlechte Frauen gespielt hat. Sie verkörperte das Fatale, etwas Billige, das beispielsweise für Fritz Langs SCARLET STREET (STRASSE DER VERSUCHUNG, 1945) notwendig war. Nicht zu schön, mit einer vorstehenden Oberlippe und kleinen Augen, die mißtrauisch, aber schlau in die Welt blicken und sich keinen guten Deal entgehen lassen, stellt sie das leichte Mädchen dar, dessen Fatalität nicht in der perfekten Schönheit, sondern in ihrer Rücksichts- und Reuelosigkeit liegt. Manchmal ist es allerdings die Kombination aus engelsgleichem Äußeren und teuflischer Seele, die bösen Mädchen eine spezielle Faszination gibt. Jane Greers und Gene Tierneys Charakter drückt sich nicht im Gesicht oder in der Stimme aus, sondern nur in ihren wahrhaft kaltblütigen Morden. Und Jean Simmons, eine Schauspielerin mit einem seelenvollen Ausdruck, ist besonders wirkungsvoll als psychopathische Mörderin in Otto Premingers ANGEL FACE (ENGELSGESICHT, 1952).

Bad girls sind oft dunkelhaarig. Doch die Annahme, daß blond die tödlichste aller Haarfarben sei, wird besonders in den drei Filmen THE POSTMAN ALWAYS RINGS TWICE, DOUBLE INDEMNITY und THE LADY FROM SHANGHAI bestätigt. Die Haare spielen in diesen Filmen eine Hauptrolle. Alle drei Schauspielerinnen, Lana Turner, Rita Hayworth und Barbara Stanwyck, sind von Natur aus dunkelhaarig. Lana wurde sofort einige Töne heller gebleicht, nachdem man sie 1941 als Sodaverkäuferin entdeckt und als *Sweater girl* vermarktet hatte – und blieb bis zu ihrem Ende weißblond. Ritas Färbeschicksal wurde ja bereits beschrieben, und Barbara wehrte sich erfolglos gegen Billy Wilders Order, Phyllis Dietrichson mit einer besonders lachhaften, blonden Perücke zu spielen. Man witzelte in der Branche, daß Babs mit der steifen Ponyfrisur wie Präsident George Washington aussähe. Und dennoch kann man sich Phyllis gar nicht anders vorstellen. Doch die Haare der drei Schauspielerinnen waren nicht einfach blond. Fast weiß, bis zur Leblosigkeit ausgebleicht, so wie die Emotionen ihrer Trägerinnen, saßen sie sorgsam arrangiert auf den Köpfen und signalisierten Unnatürlichkeit, Chemie, Gift, Statik. Kein Mann würde auf die Idee kommen oder es wagen, seine Hände durch dieses sperrige Material gleiten zu lassen, das käme einer Grenzüberschreitung gleich. Aber niemand hat je behauptet, daß *Bad girls* anschmiegsame und hingebungsvolle Kreaturen sind. Viele *Films noirs* haben die Qualität von bösen Träumen, und die Schauspielerinnen mit ihrer unterkühlten Präsenz und ihren stilisierten Darstellungen wirken darin wie Zombies, die durch die Alpträume der entwurzelten Helden wandeln. Mit der gewissen Passivität, dem oft maskenhaften Ausdruck, den sparsamen Bewegungen und den monotonen Stimmen scheinen sie menschliche Aktionen lediglich zu simulieren und unterstreichen so ihren Status als Fetische, Ikonen und Projektionen männlicher Ängste und Phantasien. Das Porträt einer schönen Fremden in Fritz Langs WOMAN IN THE WINDOW (GEFÄHRLICHE BEGEGNUNG, 1944), das Edward G. Robinsons Phantasie inspiriert, und auch die dominierende Darstellung von Gene Tierney in LAURA (Otto Preminger, 1944), die den Detektiv verfolgt, sind passende Metaphern für die Unerreichbarkeit der *noir*-Girls, die niemand wirklich besitzen kann. Der typische Held des *Film noir* ist eine genauso interessante Figur im amerikanischen Film wie das *Bad girl,* gehören sie doch auf Gedeih und Verderb zusammen. Ein klassisches Image: Er – in Unterhemd und Bundfaltenhose mit Hosenträgern – liegt irgendwo in einem billigen, heruntergekommenen Hotelzimmer auf dem Bett und raucht. Der Zigarettendunst kräuselt sich in der Luft, ein paar Gegenstände werfen Schatten in dem dunklen Zimmer, das nur zwischendurch von flackernden Neonlichtern, die von der Straße durch das Fenster kommen, erhellt wird. Er nimmt einen Schluck Whisky aus der Flasche, die neben ihm, in eine braune Papiertüte eingewickelt, auf dem Nachttisch steht. Auf einmal klingelt das schwarze Telefon, er sagt ein, zwei knappe Sätze, steht auf, geht zum Waschbecken und betrachtet sein müdes, unrasiertes Gesicht in dem zerbrochenen Spiegel. Er ist ein Detektiv oder Ex-Cop, ein Betrüger, ein Drifter, ein Gestrauchelter, vielleicht auf der Flucht, frisch aus dem Gefängnis oder gerade aus dem Krieg zurückgekehrt. In jedem Fall ein Verlierer, zynisch, ziellos, paranoid. Er hat keine Familie und keine Freunde. Seine Welt ist die der nächtlichen Straße, der dunklen Bars und Hinterhöfe, in der Menschen ohne Gesetze in Isolation und Hoffnungslosigkeit leben, seine Identität ist unklar. Nichts ist verläßlich und stabil in dieser Unterwelt. Am allerwenigsten sind es die Frauen. Sie symbolisieren für ihn, den entwurzelten Suchenden, alles Mysteriöse und Böse, und ihre gefährlichste Waffe ist Sex, mit dem sie ihn in eine Falle locken.

Es gibt eigentlich zwei Kategorien von *Films noirs.* In der einen sind die Frauen zwar schlecht und verlogen, aber sie unterstehen dem Helden, der alle Fäden in der Hand hält und am Ende des Films, entgegen allen Verführungsversuchen, seinen Auftrag erfolgreich erfüllt hat. In der anderen beherrschen Frauen als die dominanten und eiskalten Killerinnen, die den Helden zerstören und selbst zerstört werden, die Leinwand. Nach dieser Unterscheidung richtet sich auch die Wahl der Schauspieler. Da gibt es verschiedene Stereotypen,

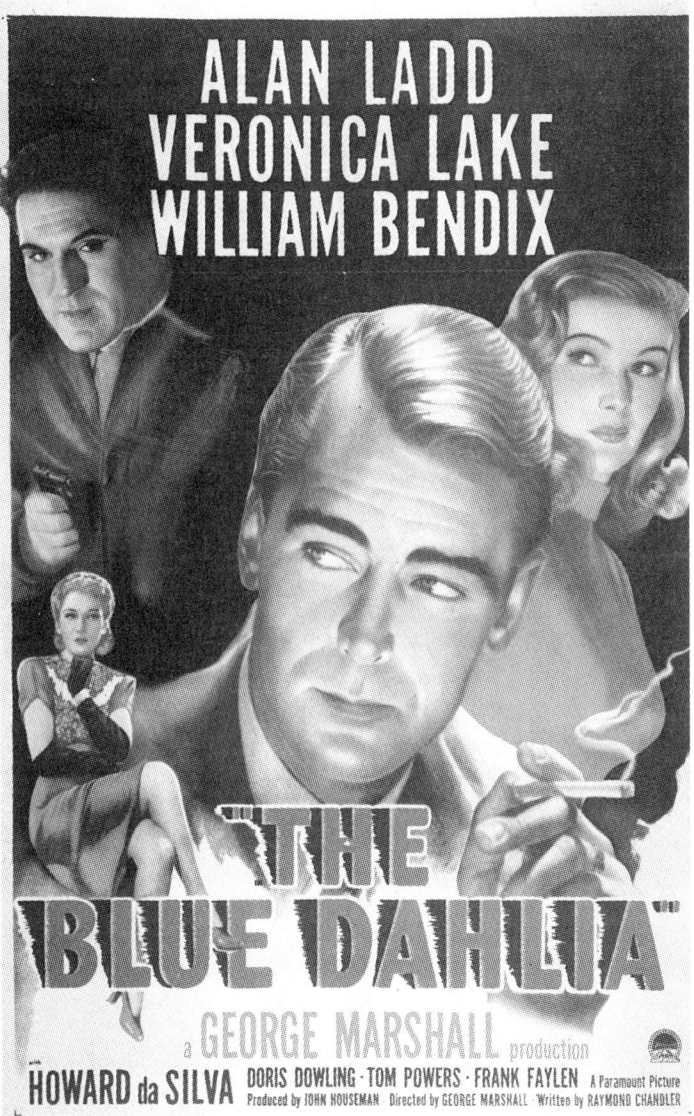

Alan Ladd war immer der wortkarge Detektiv und Veronica Lake das aufrechte Girl mit der frechen Klappe. THE BLUE DAHLIA (1946) – eine der vielen phantastischen Raymond-Chandler-Verfilmungen.

Glenn Ford als wütender Polizist greift sich Gloria Grahame in Fritz Langs berühmtem Film THE BIG HEAT (1953).

die immer wieder auftauchen: einsilbige Detektive wie Dana Andrews (LAURA) und Alan Ladd (THE GLASS KEY, THE BLUE DAHLIA [DIE BLAUE DAHLIE, 1946]), alle hart, kalt, mißtrauisch. Dick Powell (MURDER, MY SWEET) und Humphrey Bogart (THE MALTESE FALCON, THE BIG SLEEP [TOTE SCHLAFEN FEST, 1946]), mit ihrem trockenen Witz als die berühmten Romanhelden Philip Marlowe und Sam Spade, oder auch Glenn Ford (THE BIG HEAT [HEISSES EISEN, 1953]), der jungenhafte, selbstgerechte Polizist mit Prinzipien. Dann die *tough guys* wie Robert Ryan (CROSSFIRE, [IM KREUZFEUER, 1947], ON DANGEROUS GROUND [1951]), aggressiv und neurotisch, Robert Mitchum (OUT OF THE PAST, ANGEL FACE), cool, passiv, aber sexy, und John Garfield (THE POSTMAN ALWAYS RINGS TWICE, THEY MADE ME A CRIMINAL [ZUM VERBRECHER VERURTEILT, 1939]), dunkel und isoliert. Dann kommen die sadistischen Gangster und Verlierer wie Jack Palance (SUDDEN FEAR [MASKIERTE HERZEN, 1952]), Dan Duryea (SCARLET STREET, WOMAN IN THE WINDOW), Burt Lancaster (CRISS CROSS [GEWAGTES ALIBI, 1948], THE KILLERS [DIE KILLER/RÄCHER DER UNTERWELT, 1946]). Richard Widmark (PICKUP ON SOUTH STREET [POLIZEI GREIFT EIN, 1953], KISS OF DEATH [DER TODESKUSS, 1947]) und Kirk Douglas (OUT OF THE PAST, DETECTIVE STORY [POLIZEIREVIER 21, 1951]) stellen beide gleichermaßen überzeugend Gangster und Detektive dar. Und dann gibt es noch die weniger gequälten Helden wie Victor Mature, Richard Conte, Van Heflin, Wendell Corey. (Die großen Stars wie Alan Ladd, Richard Widmark, Glenn Ford, Kirk Douglas, Robert Mitchum und Robert Ryan landeten alle im Western, einem anderen einzigartigen amerikanischen Genre, in dem rauhe, wortkarge Männer, diesmal nicht in der Großstadt, sondern in der Prärie, zusammen mit mehr guten als schlechten Girls aufräumen konnten.)

Es ist sicherlich kein Zufall, daß alle weiblichen Filmstars nur selten mit ebenbürtigen männlichen Stars auf der Leinwand zu sehen waren, wenn sie ein *Bad girl* verkörperten und die Männer das Opfer waren. Das stellte eine viel zu große Herausforderung für deren männliches Ego dar. Keiner der *leading men* in Hollywood hätte auch nur ein Drehbuch mit der Kneifzange angefaßt, wenn er darin einer Frau unterlegen gewesen wäre. Spencer Tracy, Humphrey Bogart, Erroll Flynn oder Gregory Peck als Professor Unrat oder Walter Neff? Gegen die überwältigende Präsenz einer bösen Bette Davis, Barbara Stanwyck oder Joan Crawford anzukommen, war geradezu unmöglich. Die meist als Weichlinge, Neurotiker, Feiglinge oder Muttersöhnchen konzipierten Opfer und Schwächlinge wie Edward G. Robinson, William Holden (SUNSET BOULEVARD [BOULEVARD DER DÄMMERUNG, 1950]), Fred MacMurray (DOUBLE INDEMNITY) oder Zachary Scott (MILDRED PIERCE) hatten keine Chance gegen die männerverschlingenden Power-Frauen. Es spricht allerdings für die professionelle Risikobereitschaft dieser Darsteller, daß sie sich in die Klauen dieser Teufelinnen begaben.

Gilda küßt, Mildred schuftet, Ellen mordet

Rita Hayworth wurde nicht umsonst *Love goddess* genannt. Sie stellte die personifizierte Verführung dar mit ihrer sinnlichen und erotischen Ausstrahlung, den graziösen Bewegungen und dem eleganten Körper einer Tänzerin (die sie ja auch war). Der Film GILDA wäre ohne den glamourösen Star eine banale, konfuse, wenn auch amüsante Seifenoper mit ungewollt parodistischen Zügen geworden. Mit Hayworths Status und Sex-Appeal entwickelte er sich zu einem aus der Reihe tanzenden, *noir* angehauchten Kult-Klassiker, der die beruhigende Message verbreitete, daß *Bad girls* letztendlich nur fehlgeleitete *Good girls* sind.

Als Johnny Farrell (Glenn Ford) der schönen Gilda (Rita Hayworth) vorgestellt wird, knistert es sofort unheilvoll. Er wirft ihr vernichtende Blicke zu – und das, obwohl sie im aufreizenden Negligé dasitzt und ihre langen Locken bürstet. Gilda ist die Ehefrau von Spielcasino-Besitzer Ballen, Johnnys neuem Boß, der ihn – ebenso wie seine Frau Gilda – von der Straße irgendwo in Buenos Aires aufgelesen hat. Nach kurzem Geplänkel bemerkt Gilda mit einem mokanten Lächeln: »What was the name again? Ah, Johnny. Such a hard name to remember – and so easy to forget.« (»Wie war noch gleich der Name? Ah, Johnny. So schwer zu merken – und so leicht zu vergessen.«) Johnnys Augen werden schmal, und wir stellen fest, Liebe auf den ersten Blick ist das nicht. Er haßt Gilda. »I wanted to hit her so bad – and him too. I wanted to watch them together without them knowing« (»Ich hatte so ein irres Bedürfnis, sie zu schlagen – und ihn auch. Ich wollte sie zusammen beobachten, ohne daß sie es merken«), gesteht er uns offen.

Glenn Ford ist ein Schauspieler mit einer gewissen Allerweltsausstrahlung. Stupsnasig, jungenhaft, im zu großen, kastenförmigen Anzug der Möchtegern-Gangster, stellt er einen seltsamen Gegenpol zu Ritas langgliedriger Eleganz dar. Aber er ist feist, frech, schlagfertig und läßt sich von niemandem zum Narren halten. Ballen, ein reicher Mann mit fiesem Echsengesicht, lebt von Schiebereien (natürlich mit tumben, deutsch-sprechenden Nazis, typisch für die Filme der vierziger Jahre) und vertraut Johnny die Leitung des Casinos an. »Women and gambling don't mix« (»Frauen und Spiele passen nicht zusammen«), warnt Ballen. Da braucht er bei Johnny keine Angst zu haben, der hat nichts mit Frauen im Sinn. Sagt er jedenfalls. Man spürt sein Mißtrauen und seine Feindseligkeit ihnen gegenüber. Klar, Johnny ist durch die Liebeswalze gedreht worden. Mit seiner Meinung über Frauen hält er sich auch nicht zurück. Einmal, als Ballen ihn scherzhaft warnt: »Take good care of Gilda. We don't want to lose her« (»Paß gut auf Gilda auf. Wir wollen sie nicht verlieren«), schnappt er nur zurück: »There are more women on earth than anything else. Except insects.« (»Es gibt mehr Frauen auf der Welt als irgend etwas anderes. Bis auf Insekten.«) Für ihn sind Frauen Herumtreiberinnen, Schlampen, Nutten, Playgirls, verlogene Verführerinnen. Als Johnny wieder einmal eine bittere Bemerkung über die Ehrlichkeit von Frauen losläßt, errät Gilda ganz richtig, daß es eine Frau gewesen sein muß, die ihn mit so einer miesen Meinung zurückgelassen hat. »Let's hate her!« (»Laß sie uns hassen!«) schlägt sie mit falscher Fröhlichkeit vor. »Let's drink to the wench.« (»Laß uns auf das Miststück trinken.«) Ihr Gesicht drückt jedoch Unbehagen aus. Johnnys *voice-over* klärt uns auf: »She was superstitious. I saw her fear.« (Sie war abergläubisch. Ich sah ihre Angst.«)

Irgendwann während des Films fangen wir an, Johnnys Interpretation der Geschichte zu bezweifeln, weil Gilda sich in einigen privaten Momenten als liebenswerte Frau zeigt. Das wird normalerweise im *film noir* verhindert, da die Frau ein Objekt ist und nur durch die Augen des Mannes gesehen wird. In einer Art Umkehrung erscheint uns Johnny als derjenige, der böse, und Gilda als diejenige, die normal ist.

Die drei sind ein unzertrennliches, wenn auch ungemütliches Trio unter Streß. Jeder belauert den anderen. Sie sitzen alle zusammen zum erstenmal im Casino, Gilda im körpernahen paillettenübersäten Abendkleid, am Arm ein phantastisches Armband. (Wir wissen, daß Frauen wie Gilda ihre Juwelen

Lovely Rita! Die berühmteste Sex-Göttin der vierziger Jahre war nicht nur für ihre rote Mähne, sondern auch für ihre anmutigen Tanzschritte bekannt.

von zahlungsfähigen Männern bekommen und mit Sex bezahlen.) Sie ist die teure Ware, die auch vor anspruchsvollen Augen besteht. Johnny wirkt wie immer übel gelaunt, schroff und kurz angebunden. Gilda läßt sich von einem Fremden auffordern, tanzt aufreizend und quält Johnny mit verführerischen Gesten. Er holt sie von der Tanzfläche. Der dünnlippige, pockennarbige Ballen, der die elektrisierte Stimmung genießt, raunzt Gilda vertraulich zu: »Hate can be a very exciting emotion. Hate is the only thing that has ever warmed me.« (»Haß kann ein sehr aufregendes Gefühl sein. Haß ist das einzige, was mich je erwärmt hat.«) Das glaubt man ihm gerne. Ansonsten gibt er sich jovial und amüsiert: »You're a child, Gilda, a beautiful greedy child. It amuses me to feed you, because you have such an appetite.« (»Du bist ein Kind, Gilda, ein schönes, unersättliches Kind. Es amüsiert mich, dich zu füttern, weil du so einen guten Appetit hast.«) Gilda ist sein liebstes Spielzeug, eine große Barbie-Puppe zum An- und Ausziehen. Überhaupt überrascht Frauenkenner Ballen zwischendurch mit Perlen männlicher Philosophie, wie zum Beispiel: »Women are funny little creatures. Little things mean much to them.« (»Frauen sind komische kleine Kreaturen. Kleinigkeiten bedeuten ihnen alles.«) Allerdings läßt er nicht mit sich spaßen. Als Johnny wieder mal über die Stränge schlagen will und sein bockiges Gesicht aufsetzt, weist Ballen ihn zurecht: »I bought her just the way I bought you« (»Ich habe sie genauso gekauft, wie ich dich gekauft habe«) und macht damit seinen Besitzanspruch auf die beiden klar.

Als rechte Hand vom Boß hat es sich Johnny zur Aufgabe gemacht, Gilda, das ewige Playgirl, zu überwachen und zur rechten Zeit nach Hause zu bringen, damit der Ehemann nichts von ihren nächtlichen Eskapaden mit südländischen Playboys erfährt. »I'm gonna pick you up just like his laundry« (»Ich werde dich genauso abholen wie seine Wäsche«), bemerkt Johnny abfällig. Gilda erwidert mit amüsiertem Lächeln:. »Oh, how very interesting. A psychiatrist would think that this association is very revealing.« (»Oh, wie interessant. Ein Psychiater würde sagen, daß diese Assoziation sehr viel verrät.«) Auf den Mund gefallen ist sie nicht, diese Gilda, das hat sie mit allen *Bad girls* gemein. Als Johnny sie indigniert fragt: »Doesn't it bother you at all that you're married?« (»Stört es dich nicht, daß du verheiratet bist?«), antwortet Gilda keck: »What I want to know is: Does it bother you?« (»Was ich gerne wissen möchte: Stört es dich?«) Doch nach und nach fällt es ihr immer schwerer, Johnny mit Sarkasmus in die Schranken zu weisen. Als er mal wieder fies zu ihr ist, bekennt sie mit leicht bebender Stimme: »I hate you so much, I'll destroy myself to take you down with me.« (»Ich hasse dich so sehr, daß ich mich selbst zerstören würde, wenn ich dich dabei mitzerstören könnte.«) Das sind typische Worte für ein *Bad girl*. Aber so ist nun mal das Spiel von Unterwerfung und Dominanz. Wo weibliche Sexualität und männliches Begehren aufeinandertreffen, schwelt Haß und Verachtung – und dazu eine kräftige Dosis Sadomasochismus. Aber während die ganz harten *Bad girls* ihren Haß in die Tat umsetzen und dem Helden Schaden zufügen oder ihn zerstören, lebt Gilda lediglich ihre verletzten Liebesgefühle für Johnny aus, indem sie ihn mit ihrer sexuellen Nichtverfügbarkeit quält. Gilda will niemanden um die Ecke bringen, sie möchte sich amüsieren und das Beste aus ihrer Rolle als Playgirl machen.

Als der Ehemann verreist ist, wird die Spannung im Haus unerträglich. Johnny läuft die Treppen hinauf in Gildas Zimmer, angeblich, um ihr zu sagen, daß sie ihre Sachen packen und verschwinden solle. Sie steht da in einem sehr schicken, langen Morgenmantel aus ihrer Serie von schicken, langen Mänteln und Umhängen. Ihr Gesicht ist im Halbschatten. Sie erzählt irgendwelchen Blödsinn über die Stille im Haus, tritt dann langsam vor ihn hin und flüstert: »I hate you so much, I think I'm gonna die from it.« (»Ich hasse dich so sehr, ich glaube, ich werde noch daran sterben.«) Sie küssen sich leidenschaftlich. Plötzlich knallt im Foyer eine Tür, und eine Gestalt im Umhang hastet aus dem Haus. Der gehörnte Ehemann, Ballen, das Reptil.

Ballen ist in eine schiefe Sache verwickelt, flieht und wird für tot erklärt. Johnny heiratet Gilda. Sie ist ganz glücklich, fällt auf den Trick rein, obwohl Johnnys Gesicht ganz kantig vor Anspannung ist und seine Augen böse funkeln. Jetzt geht der Kampf der Geschlechter erst richtig los. Kein Sex, das ist schon mal klar. Gilda wird eingesperrt, mit ihrer Lust und ihrem Begehren allein gelassen; er zahlt es ihr mit gleicher

Münze heim, macht sich sexuell unerreichbar für sie. Entzug. Die Droge Mann wird der Ware Frau entzogen. Er will sie bestrafen, alle Frauen bestrafen, die die Macht haben, aus Männern Herumtreiber, Spieler oder eifersüchtige Sklaven zu machen, die ihnen den Atem nehmen, das Herz höher schlagen lassen, die ohne mit der Wimper zu zucken jeden Ehemann betrügen würden und die mit den Männern lediglich spielen. Gilda bricht aus, läuft weg, sucht Affären. Sie will zu der werden, für die er sie hält. Sie möchte die Verwerflichkeit der Frau zu neuen Höhen treiben und Johnny das Resultat um die Ohren hauen. Er läßt sie suchen, überwachen. Sie findet einen recht netten Mann, der sie scheinbar vergöttert, und es ist gleich von Heirat die Rede. Aber er ist Johnnys Agent, der sie zurück nach Argentinien bringt. Gilda, die stolze Schönheit, wird gedemütigt, indem jeder neue Mann, der ihr verfällt, von Johnnys Boys einfach aus dem Verkehr gezogen wird, bevor er in ihrem Bett landet. Gilda wirft sich Johnny zu Füßen und umklammert seine Hosenbeine, die klassische Geste der hysterischen Frau. Sie bettelt um Scheidung. Er erklärt knapp und schadenfroh, daß es in Argentinien keine Scheidung gäbe. Inzwischen von der etwas entwürdigenden und unbequemen Stellung zu normaler Höhe gewachsen, fängt sie an zu weinen und hämmert gleichzeitig mit ihren Fäusten auf ihn ein. Sie durchschaut endlich seinen Plan und resümiert trocken: »One woman couldn't marry two insane men in a lifetime, could she?« (»Eine einzige Frau kann doch wohl nicht zwei Wahnsinnige in nur einem Leben heiraten, oder?«) Jemand wie Gilda könnte zu jeder Zeit egal wen heiraten. Sie hat kein Lebenskonzept, keine Philosophie und fühlt sich als wertloses Mädel, heimatlos, ein Niemand. Ehe mag die Hölle sein, aber sie ist gleichzeitig das einzige, das einen Hauch von Ehrbarkeit und Frieden bringt, ein Versteck vor den Gefahren des Lebens als unverheiratete Frau und Schutz vor den Nachstellungen der Männer.

Schließlich reicht es Gilda, und sie verliert alle ihre Hemmungen. Eine der berühmtesten Szenen – eigentlich die ultimative, visuelle Inkarnation des verführerischen, sexuell ver-

Wer bad *sein will, muß leiden. Johnny (Glenn Ford) hat genug von Gildas Spielchen. Nach dem Striptease gibt's eine Ohrfeige.*

fügbaren *Bad girls* – ist der Striptease, hauptsächlich wegen Ritas Kleid. Gilda singt abends im Club das Lied von einer Frau namens Mame, der die Männer die Schuld für alles, sogar für Naturkatastrophen, geben. »Put the blame on Mame« ist auch Gildas Klagelied gegen die angeblich angeborene Schuldigkeit der Frau. Als wollte sie diese Auffassung der Männer bestätigen, fängt sie an, was ein atemberaubender Striptease zu werden verspricht. Sie zieht ihre langen Handschuhe aus, wirbelt sie herum und nimmt das Collier vom Hals. (Man muß hier einflechten, daß Rita Hayworth beim Handschuhausziehen mehr Sex-Appeal ausstrahlt, als wenn sich Demi Moore nackt im Bett rollt.) Dann bittet sie einen

Mann aus dem Publikum, ihr mit dem Reißverschluß zu helfen – großer Andrang. Johnny greift ein. Er schlägt erst den Mann nieder und knallt dann Gilda eine vor allen Leuten. Nirgendwo wird Johnnys Impotenz deutlicher als in diesem Augenblick. Er ist Gilda sexuell völlig unterlegen, ein sadistischer Spielverderber und Kastrat, weil er sich selbst kastriert fühlt. Er ist wie der Sohn, der seine Mutter begehrt und sie dafür haßt (Rita und Glenn wurden das beliebteste sadomasochistische Paar und spielten noch in zwei weiteren Filmen, THE LOVES OF CARMEN [Charles Vidor, 1948] und AFFAIR IN TRINIDAD [AFFÄRE IN TRINIDAD, Vincent Sherman, 1952] zusammen. In beiden klebt er ihr eine.)

Das Ende von GILDA paßt eigentlich gar nicht zum Genre des *Film noir*. Es stellt eine Umkehrung des üblichen Ablaufs dar. (Vielleicht weil zwei Frauen das Drehbuch geschrieben und den Film produziert haben?) Nachdem Ballen zurückgekehrt ist, es zu diversen Schießereien und Konfrontationen kam, ist der Weg für die zwei Turteltauben frei. Johnny wird ganz klein und bescheiden. Leichte Scham wirft Schatten auf sein Bubengesicht, er ist den Tränen nahe und stammelt: »Let's go home. Take me with you, Gilda.« Er ist brav, gezähmt und unterwirft sich ihrer Führung. Sie sind beide ganz harmlos hinter der Fassade, verliebte Kids, unreif, ängstlich, störrisch. Ein wichtiger Aspekt ist auch, daß beide patriotische Teilzeit-Emigranten sind, die nicht ewig wegbleiben können. Amerikaner im Ausland müssen nach Hause, das geht nicht anders. Als Amerikaner gehört man in das Land der Hamburger und des *Film noir*.

Rita Hayworth war als Sex-Göttin automatisch ein *Bad girl,* aber bis auf THE LADY FROM SHANGHAI gehört sie eigentlich in die Riege der *Good bad girls.* Ja, sicher, sie machte die Männer verrückt, war lasziv, sinnlich, schön, führte sie auch mal an der Nase herum, aber an ihr war nichts Zweideutiges, Dunkles oder Störendes. Sie war unter all dem sexuellen Getue ein anständiges *American girl,* dessen Bild die amerikanischen Piloten im Zweiten Weltkrieg in ihre Cockpits klebten. Sie war eine exzellente Tänzerin, die viele erstklassige Musicals machte, zwei davon mit Fred Astaire. Tänzerinnen sind im allgemeinen keine echten *Bad girls,* das widerspricht bereits körperlich dem statischen, passiven Darstellungsstil des *Film noir.*

Nichts in Ritas Biographie enthält Kämpfe, Kontroversen oder ein Aus-der-Rolle-Fallen. Sie war eine krankhaft schüchterne, junge Frau, die als die Tänzerin Rita Cansino von Hollywood entdeckt und von Kopf bis Fuß durchgestylt wurde (selbst ihren niedrigen Haaransatz hat man erhöht). Die Studiobosse schubsten sie herum, sie gab keine Widerworte und war sogar zu unsicher, um allein auszugehen. Ihre vier Ehen – die mit Orson Welles war eine etwa so artfremde Verbindung wie die zwischen Marilyn Monroe und Arthur Miller – endeten alle mit Scheidung. Ritas bitterer Kommentar über den Fluch der Schauspieler, ihre private Identität gegen Leinwandlügen eintauschen zu müssen: »Jeder Mann, den ich je getroffen habe, hat sich in Gilda verliebt und ist mit mir aufgewacht.«

Dieses Problem hatte Joan Crawford sicherlich nicht als MILDRED PIERCE. Die Figur aus dem gleichnamigen Film von Michael Curtiz (1945 nach einem Roman von James M. Cain gedreht) ist ebenso unvergeßlich wie Gilda, und Joan Crawford spielt nicht weniger einmalig als Rita Hayworth. MILDRED PIERCE, einer der unterhaltsamsten und frauenfeindlichsten Filme der vierziger Jahre, kann gleich zwei *Bad girls* in der unschlagbaren Kombination von Mutter und Tochter vorweisen. Ein bißchen *woman's picture,* Melodram und *Film noir* zeigt er, daß man als Frau und Mutter nicht einfach die Karriereleiter ungestraft ganz nach oben klettern kann, ohne demütig, zerbrochen, ohne einen Pfennig in der Tasche, aber mit einer Leiche im Schlepptau wieder ganz unten zu landen. Die zentrale Figur im Film ist kein von einer Frau besessener Mann, sondern eine werktätige Frau, die von ihrer Arbeit und einer bösartigen Tochter besessen ist. Wir sehen am Anfang die Leiche eines Mannes, Monty Beragon, auf dem Teppich liegen, und dann eine Frau im breitschultrigen Pelzmantel, die an einem Pier spazierengeht. Bald darauf sitzt die Frau, Mildred Pierce (Joan Crawford), völlig aufgelöst im Polizeirevier einem jovialen Inspektor gegenüber und erzählt in *flashbacks* und in einer Art Umkehrung des üblichen männlichen *voice-over* in ihren eigenen Worten, wie alles angefangen hat und wieso sie in den Mord verwickelt ist.

Mildred ist eine rastlose und frustrierte Haus- und Ehefrau, die gelangweilt den Haushalt erledigt und ihre beiden halbwüchsigen Töchter, die kleine Kay und die 17jährige Veda, umsorgt und verzieht. Ihr Mann Bert, ein farbloser Angestellter mit kleinem Einkommen, langweilt sie genauso wie alles andere, denn sie möchte gern »nach oben« kommen. Um ein paar Dollar extra zu verdienen, steht Frau Pierce jeden Tag erhitzt einige Stunden in der Küche, um leckere Pies für andere Leute zu backen. Mildred spricht für ganze Generationen von schwitzenden Hausfrauen, wenn sie etwas bitter bemerkt: »I was always in the kitchen. I felt as though I'd been born in a kitchen and lived there all my life, except for the few hours it took to get married.« (»Ich war immer in der Küche. Ich fühlte mich so, als wäre ich in der Küche geboren und hätte dort mein ganzes Leben verbracht – bis auf die paar Stunden zwischendurch, die es dauerte, zu heiraten.«) Das Geld aus dieser Sklavenarbeit ist hauptsächlich für Veda, eine schwarzhaarige Schneewittchen-Schönheit mit trotzigen Lippen. Veda ist ein verzogenes Aas, das sich nach Parties, schönen Kleidern und High-Society-Jungs sehnt. Mildred, von einer neurotischen Liebe zu diesem durch und durch arroganten Balg erfüllt, würde alles für Veda tun, nur um einen Anflug von Freude aus den kühlen Augen ihrer Tochter zu erhaschen. Doch Veda nimmt das alles mit gelangweilter Miene hin, ihr geht die emotionelle Bedürftigkeit der Mutter auf die Nerven, von deren kleinbürgerlichem Geschmack gar nicht zu sprechen. Kauft sie ihr doch tatsächlich ein billiges Tanzkleid mit tausend Rüschen, so wie sie Dienstmädchen tragen! Bert Pierce, der mehr Verständnis und Hingabe bei der Nachbarin Mrs. Biederhoff findet, zieht aus, und Mildred sucht sich einen Job als Kellnerin in einer Hamburger-Bude. Bald darauf serviert keine so flink Hamburger, Milch-Shakes und Kuchen wie Mildred in ihrer kecken Uniform, die sie allerdings zu Hause vor Veda versteckt, um nicht erzählen zu müssen, womit sie ihr Geld verdient. Doch Veda findet bald empört heraus, womit ihre Mutter die teuren Klavier- und Tennis-stunden bezahlt.

Als Mildred eines Tages ein Grundstück in einer günstigen Gegend sieht, kommt ihr der Gedanke, selbst ein Restaurant aufzumachen. Das Grundstück gehört dem reichen Monty Beragon, seines Zeichens windiger Charmeur und Playboy mit Frettchengesicht und schnurdünnem Oberlippenbärt-chen. Monty wirft einen wohlgefälligen Blick auf Mildreds Beine und die Schuhe mit Plateausohlen und verkauft ihr gönnerhaft das Grundstück zu sehr günstigen Bedingungen. Von wilder Arbeitswut gepackt, stampft Mildred ein nettes,

Eine Mutter gesteht einen Mord, den sie nicht begangen hat. Wenn das nicht Mutterliebe ist. Joan Crawford in der besten Rolle ihrer Karriere als MILDRED PIERCE (1945).

kleines Familienrestaurant aus dem Boden, das sich unter dem Namen »Mildred's« großer Beliebtheit erfreut. Bald darauf eröffnet sie ein weiteres, und dann noch eins, bis es schließlich eine ganze Kette davon gibt. Das Geld fließt in die Kassen, Mildreds Garderobe wird eleganter und noch breitschultriger, die Frisur höher, der Gesichtsausdruck souverän und selbstbewußt. Die Wandlung von der verschwitzten Hausfrau zur mit allen Wassern gewaschenen Unternehmerin ist perfekt. Mildred hat endlich Kontrolle über ihr Leben und liebt jeden Augenblick davon. Veda ist begeistert von dem neuen, luxuriösen Lebensstil, hat sich mit einem reichen Jungen verlobt und läßt sich sogar zu einigen knappen Liebkosungen für die überglückliche Mutter hinreißen.

In der Zwischenzeit hat Monty das neue Objekt seiner Begierde nach allen Regeln der Buhlkunst zu einem Badebesuch in seinem feudalen Strandhaus überreden können. Wenn auch in Liebesdingen etwas prüde, gibt Mildred schließlich nach und bleibt über Nacht bei dem schlitzohrigen Casanova. Aber außereheliche Sexualität muß bestraft werden: Während die Mutter in den Armen des Liebhabers ihr Glück sucht, erkrankt Tochter Kay an Lungenentzündung. Das Kind stirbt. Der Verlust der Tochter und das schlechte Gewissen ketten Mildred noch mehr an Veda, die das natürlich auszunutzen weiß. Mildred wird bald darauf von Bert geschieden und ist so glücklich, wie eben eine gestreßte Karrierefrau und alleinerziehende Mutter einer frühreifen Problemgöre sein kann.

Der erste *flashback* endet auf der Höhe von Mildreds ökonomischem Erfolg. Obwohl wir nicht genau wissen, ob sie Monty erschossen hat, scheint ihr schuldiges, halb im Schatten gezeigtes Gesicht bei der Polizei zu suggerieren, daß unabhängige und erfolgreiche Geschäftsfrauen zu allem fähig sind. Die Zuschauer sollen weder Sympathie fühlen noch sich mit Mildreds Erfolg identifizieren. Ihr Aufstieg als Geschäftsfrau wird als neurotische Ambition dargestellt, selbst ihre Kompetenz in der Geschäftswelt ist kein Zeichen von Unabhängigkeit oder Selbsterfüllung, sondern eine Art Selbstaufopferung und Dienst an der Familie.

Der zweite *flashback* zeigt den langsamen Verfall dieser vaterlosen, »unnatürlichen« Familie. Na klar, Mildreds dreiste Übernahme der Rolle des Familienoberhaupts muß den Niedergang der guten Sitten und den Zusammenbruch sozialer und moralischer Ordnung nach sich ziehen. Veda repräsentiert die Konsequenzen von Mildreds Austritt aus dem Patriarchat. Mildred merkt gar nicht, daß Veda Monty schöne Augen macht und der sich daraufhin wie ein eitler Gockel aufführt. Sie ist viel zu sehr am Schuften, um Geld für Vedas teuren Lebensstandard und Montys Schecks ranzuschaffen. Er ist teuer geworden und läßt sich seine Aufmerksamkeiten nonchalant bezahlen.

Im Gegensatz zu den Männern im Film, die Weichlinge oder profillose Parasiten sind, verkörpert Mildred eine starke, hart arbeitende, ehrliche und zielstrebige Frau, ebenso wie ihre scharfzüngige Partnerin und Freundin Ida (Eve Arden) und all die anderen Frauen, die in ihrem Restaurant arbeiten. Mildred hat sich selbst ein Matriarchat geschaffen, weil sie den Männern mißtraut, die ihre Wünsche nach etwas Besserem nicht erfüllen können. Aber weil Arbeit und Sex nur schwer zusammenpassen, entscheidet sich Mildred für die Arbeit. Als erfolgreiche Geschäftsfrau wirkt sie unsinnlich und asexuell, es umgibt sie die Aura einer kastrierenden Amazone. Nur in der Arbeit oder in Gegenwart von Veda lebt sie auf. Als Veda die reiche Familie des Verlobten mit einer vorgetäuschten Schwangerschaft erpreßt, reicht es selbst der bislang liebenden Mildred. Hilflos und mit dem eigenen Versagen als alleinerziehende Mutter konfrontiert, verpaßt sie Veda (endlich!) eine schallende Ohrfeige und jagt sie anschließend aus dem Haus, aber nicht bevor diese ihrer Mutter die Ohrfeige in doppelter Stärke zurückgegeben hat. Danach erscheint Mildred wie ein liebeskranker Freier, der ohne die Geliebte nicht leben kann. Sie verzehrt sich nach Veda, ist unruhig und trinkt schon am Tag ein Gläschen unverdünnten Bourbon. Ihre Freundin Ida, die für jede Situation eine ebenso trockene wie treffsichere Bemerkung parat hat, drückt ihre Gefühle für Veda ziemlich ungeschminkt aus: »Ich persönlich muß sagen, daß Veda mich davon überzeugt hat, daß Alligatoren die richtige Idee haben. Sie fressen ihren Nachwuchs auf.« Mildred antwortet schlicht: »Veda ist ein Teil von mir.« Um sie zurückzuholen und ihr »geordnete« Familienverhältnisse zu bieten, bittet sie Monty sogar, sie zu heiraten, der das gnädigerweise tut. Veda kehrt nach Hause zurück, lebt aber auf noch größerem Fuß als bisher – und flirtet noch schamloser mit dem neuen Stiefvater. An ihrem 18. Geburtstag gibt es eine große Party, aber Mildred sitzt in ihrem Büro und muß sich vom Buchhalter eröffnen lassen, daß sie wegen heimlicher Fehlinvestitionen von Monty und ihrem anderen Partner, Wally, pleite ist. (Es ist interessant zu sehen, daß Mildred nicht durch ihre eigene Unfähigkeit ihr gesamtes Busineß verliert, sondern durch die Dummheit und Hinterhältigkeit ihrer beiden männlichen Partner, die sie scheinbar unbewußt ruinieren wollen.)

In der Zwischenzeit hat Monty Veda in sein Strandhaus gebracht, wo sie ein bißchen herumknutschen. Mildred erfährt, wo die beiden sich aufhalten, und folgt ihnen mit einem Revolver in der Tasche. Sie geht ins Haus – und Schüsse fallen. *Flashback* – und wir sind wieder im Polizeirevier, wo Mildred gesteht, daß sie Monty erschossen hat. Der Inspektor weiß das aber besser, denn er läßt Veda hereinführen, die wirkliche Mörderin. Daß Mildred einen Mord gesteht, den sie nicht begangen hat, ergibt Sinn, denn ihre symbiotische Liebe zu Veda macht sie zur Mittäterin. Darüber hinaus ist es ein Zugeständnis, daß sie als Mutter versagt hat.

Mildreds Besessenheit ist der faszinierendste Aspekt des Films, mit all seinen erotischen Implikationen und einer Form von verschleierter Selbstliebe, da Veda Mildreds Alter ego darstellt. Sie verkörpert all das, was Mildred nicht ist und sein darf: Veda ist verlogen, oberflächlich, promiskuitiv, geldgierig, hysterisch. Mildred, die besitzergreifende Mutter und Domina, kontrolliert alle um sich herum, nur Veda nicht, da die sich chaotisch und emotional unbeherrscht verhält. Als Mildreds Double realisiert sie die heimlichen Rachepläne und Mordphantasien der Mutter. Mildred hätte Monty gern getötet, sie hat einen Revol-

Showdown. Tochter Veda (Ann Blyth, rechts) und Mutter Mildred (links) treffen sich auf dem Polizeirevier. Wer ist die Mörderin?

ver, aber es fehlt ihr der Mut. Veda kennt dieses Problem gar nicht. Sie lebt im Exzeß, ist böse und verdorben.

Monty hat sie ironisch zurückgewiesen, nachdem er ihr angeblich versprochen hat, sie zu heiraten, und da hat sie ihn einfach erschossen. Eigentlich ist Veda das echte *Bad girl*, doch sie ist Mildreds Tochter, und Mütter formen ihre Töchter nach dem eigenen Ebenbild. Veda schreit ihre Mutter an, bevor sie abgeführt wird: »Es ist deine Schuld, daß ich so bin, wie ich bin. Hilf mir!« Aber die Mutter kann diesmal nicht helfen. Sie muß zurück in die Männerwelt, deren Gesetze sie gebrochen hat, und retten, was noch zu retten ist.

Mildred wird im Laufe des Films zu einer Null reduziert und verliert alles: ihr Geschäft, beide Töchter, beide Ehemänner. Denn die Schuld, die sie auf ihre breiten Pelzschultern geladen hat, ist viel schlimmer und unverzeihlicher als jeder Mord. Sie hat es gewagt, sich gegen die patriarchalische Ordnung aufzulehnen und selbst den Platz als Oberhaupt und Ernährerin der Familie zu übernehmen. Eine solche Grenzüberschreitung kann nur wiedergutgemacht werden, wenn die Familie ihre traditionelle Ordnung zurückerhält. Und da kommt Bert erneut ins Spiel. Der milde, verständnisvolle »rechtmäßige« Ehemann verkörpert den vergebenden Patriarchen. Er mußte einfach nur lange genug warten, bis seine Exfrau von ihren gefährlichen Ideen und Wünschen geheilt war. Doch erst die erzwungene Trennung von Mutter und Tochter macht es möglich, daß Bert und Mildred in einer »normalen« Beziehung leben können. Mildred ist rehabilitiert, weil sie sich aller eigenen bösen Elemente – repräsentiert durch Veda – entledigt hat. Als Bert und Mildred das Polizeipräsidium zusammen im Morgengrauen verlassen, kommen sie an einer knienden Putzfrau vorbei, die den Boden wischt. Das ist die letzte Szene des Films: die Frau als Dienstleistende auf den Knien und nicht als Boß.

Joan Crawford, ein Star mit zweideutiger sexueller Ausstrahlung und bekannt für ihre »unabhängigen« Frauenporträts, ist perfekt in der Rolle der Mildred Pierce (für die sie einen Oscar als beste Schauspielerin erhielt). Sie besitzt genau die halsstarrige und kontrollierende Präsenz, die Mildred überzeugend macht. MILDRED PIERCE ist auch im Hinblick auf das Entstehungsjahr 1945 interessant. Die Männer waren gerade aus dem Krieg heimgekehrt und wollten ihre Frauen in Schürzen und Negligés sehen und nicht in der Fabrik oder hinter der Schreibmaschine. Die Kriegshelden waren mürbe und desorientiert. Sie erwarteten, daß die Frauen ihre Arbeitsplätze verließen und dorthin gingen, wo sie hergekommen waren: ins Heim.

Nicht alle Ehefrauen fliehen ihr heimisches Dasein. Ganz im Gegenteil. Ein erst kürzlich zu neuen Ehren gekommener Leckerbissen aus der *Film noir*-Serie ist der Thriller von John M. Stahl LEAVE HER TO HEAVEN (TODSÜNDE, 1945) mit Gene

Tierney in der Rolle einer mordenden Ehefrau. Obwohl es Gene als Ellen Berent an Bösartigkeit und Kälte fast mit Phyllis Dietrichson aufnehmen kann, fehlen dem Film einige der typischen Merkmale des Genres. Aber das macht ihn gerade so außergewöhnlich. Er ist nicht in Schwarzweiß und mit den üblichen schrägen Einstellungen und beängstigenden Schatten gefilmt, sondern in bildschönen Technicolor-Tönen, er spielt nicht in der Großstadt, sondern in der allerherrlichsten Natur irgendwo in Arizona. Der Kontrast zwischen dem sich langsam entwickelnden teuflischen Plot und der harmonischen Idylle ist zunächst gar nicht so offensichtlich, da es sich zu Anfang um eine Liebesgeschichte zu handeln scheint, wie sie gewöhnlicher nicht sein kann. Nur ein kleiner Wink kündigt das drohende Unheil an. Gene Tierney starrt während einer Zugfahrt den Fremden, auf den sie es abgesehen hat, so intensiv an, daß einem unbehaglich wird. Übrigens typisch für *Bad girls:* Sie blicken nicht sittsam weg, sondern fixieren ihr Opfer starr und besitzergreifend. Objekt der Begierde ist der Schriftsteller Richard Harland, gespielt von dem schwarzhaarigen, nichtssagenden Cornel Wilde. Wir finden bald heraus, daß die schöne Ellen Papis Liebling war und daß Richard sie an ihren verstorbenen Vater, den sie abgöttisch liebte, erinnert. Klar, daß sie ihn heiraten muß.

Richard besitzt ein bezauberndes, einsam gelegenes Haus am See, und bald hat sich das junge Paar dorthin zurückgezogen. Richard tippt Manuskripte, und Ellen überwacht ihn und den Haushalt scheinbar überglücklich – bis auf eine Kleinigkeit. Es gibt dort einen netten alten Mann, der Richard seit Jahren zur Hand geht und zwanglos auf dem Grundstück ein und aus geht. Der ist Ellen ein Dorn im Auge, sie möchte mit Richard allein sein und befiehlt dem verdutzten Mann, ein für allemal zu verschwinden. Doch nach kurzer Zeit taucht ein neuer Eindringling auf. Richard hat einen kranken kleinen Bruder, der auf Krücken geht und den er gerne zu sich nehmen möchte, damit er wieder laufen lernt. Ellen versucht das hinter Richards Rücken mit allen Mitteln zu verhindern und erklärt ihrem Mann lieblich lächelnd: »I love you so, I can't bear to share you with anybody.« (»Ich liebe dich so sehr, daß ich es nicht ertragen könnte, dich mit irgend jemandem zu teilen.«) Doch der glückliche, völlig in Ellen vernarrte Junge kommt ins Haus, und Ellen spielt die gütige Stiefmutter mit schmalen Augen und einem gefrorenen Lächeln um die kirschroten Lippen. An einem herrlichen Sommertag rudert sie mit dem genesenden Jungen auf den See hinaus, um ihn ein wenig bei seinen Schwimmversuchen zu überwachen. Ellen, immer eine Spur zu elegant für diese rustikale Gegend, ist mit ihrem weißen Badeanzug, Bademantel und einer Sonnenbrille mit herzförmigen Gläsern (zwölf Jahre später machte Sue Lyons als Lolita in dem gleichnamigen Film mit einer Kopie dieser Brille Furore) ein Bild der Unschuld. Prompt kriegt der Junge einen Krampf im Bein und will zurück ins Boot, aber Ellen ignoriert das mit stoischem Gesicht, rudert ein bißchen von dem zappelnden und schreienden Kind weg und läßt den Störenfried eiskalt ertrinken. Der arglose Richard schöpft natürlich keinen Verdacht, er ist viel zu sehr mit sich selbst beschäftigt.

Doch das ist nicht das Ende der verwandtschaftlichen Invasion. Ellens Mutter und ihre reizende, herzliche Stiefschwester Ruth besuchen das Paar für den Sommer. Richard und Ruth sind sich gleich sympathisch, plaudern über sein Buch, lachen und scherzen. Ruth macht sich über den Garten her, pflanzt und harkt, während Ellen außerhalb steht und mit eisiger Miene den Zerfall ihres paranoiden Paradieses beobachtet. Sie benimmt sich immer eigenartiger. Als sie erfährt, daß sie ein Baby erwartet, stürzt sie sich aus Angst, Richards Aufmerksamkeit zu verlieren, die Treppe hinunter, um das Kind loszuwerden. Und schon ist die unerwünschte Mutterschaft zu Ende.

Richards Roman kommt endlich heraus, aber er hat ihn nicht etwa seiner Frau gewidmet, wie es sich gehört, sondern Ruth, »dem Mädchen mit der Harke«. Ellen ist außer sich und hat mit Recht den Verdacht, daß Richard in Ruth verliebt ist. Sie gesteht ihm den Mord an seinem Bruder und plant ihren letzten Coup: Sie nimmt Gift, inszeniert das Ganze aber so, als

Tödlicher Schick: Gene Tierney war zu allem fähig. Das Ex-Model mit dem Puppengesicht galt als einer der größten Stars der vierziger Jahre.

hätten Richard und Ruth sie umgebracht. Noch auf dem Sterbebett erklärt Ellen Richard, daß sie ihn nie loslassen werde. Die meisten *Bad girls* töten, um jemanden loszuwerden, Ellen tötet, um ihren Mann ganz und gar besitzen zu können. Sie gehört in die Reihe der Mörderinnen, die Besessenheit als Liebe tarnen und alles tun, um das Objekt ihrer Begirde un-

*Gefährlich war sie in der Tat – und dominant, berechnend und töd-
lich dazu. Was passiert, wenn* Bad girls *gereizt werden, zeigt Bette
Davis in William Wylers* THE LETTER *(1940).*

ter Kontrolle zu halten. Obwohl *Bad girls* meistens andere zu Opfern machen, werden manche von ihnen im *Film noir* auch als liebeshungrige Opfer gezeigt, die die Zurückweisung eines Mannes nicht ertragen können. »Something happens when a woman isn't wanted« (»Irgend etwas passiert, wenn eine Frau nicht begehrt wird«), bekennt Joan Crawford in Curtis Bernhardts POSSESSED (HEMMUNGSLOSE LIEBE, 1947), in dem sie eine schizophrene, einsame und bittere Krankenschwester spielt, die von einem genervten Architekten (Van Heflin) nach einer kurzen Affäre abserviert wird. Aber man weist Frauen wie Joan Crawford nicht zurück, ohne am Ende irgendwo erschossen in einer Ecke zu landen.

Bette Davis erfreut sich in dem Film THE LETTER (William Wyler, 1940) allerdings bester geistiger Gesundheit, als sie ihren Liebhaber bei seinem letzten Besuch mit Kugeln vollpumpt. Als gelangweilte britische Ehefrau eines extrem langweiligen Ehemanns (natürlich Herbert Marshall, der aufgrund seines Gesichts gar nicht anders kann, als langweilige Ehemänner zu spielen) irgendwo in Asien, hat sie sich an einen jungen Playboy herangemacht, der ihr ein wenig die Zeit vertreibt, während der Mann auf Kautschukplantagen schuftet. Als der Liebhaber die Affäre beendet, um eine Einheimische zu heiraten, rastet sie aus. Man sieht seltener einen Mann, der zum Berserker wird, nur weil eine Frau ihn verschmäht. Insofern interessant, als die Realität genau umgekehrt ist. Wenn man den Zeitungsberichten und Statistiken glauben darf, sind es die Männer, die ihre Ehefrauen umbringen, wenn sie ausbrechen wollen.

Bis daß der Tod sie endlich scheidet

Die Ehe ist für *Bad girls* so interessant wie ein Chanel-Kostüm für eine Punkerin. Sie brauchen eigentlich keinen Ehemann (zumindest nicht den eigenen) und keine Kinder. *Bad girls* wollen Sex, Geld und Action, wobei ihnen Geld fast am liebsten ist. Trotzdem sind sehr viele von ihnen verheiratet, denn eine Heirat läßt sich manchmal nicht umgehen. Ein Ehemann ist oft der einzige Ausweg aus einem noch mieseren Leben, besonders wenn er ein paar Dollar oder sozialen Status besitzt (wie zum Beispiel Elsa Bannisters Mann in THE LADY FROM SHANGHAI). Romantische, selbstlose Liebe spielt im *Film noir* keine große Rolle und wird dann auch ausschließlich von einem *Good girl* repräsentiert, das (immer vergeblich) auf den gestrauchelten Helden wartet. *Bad girls* lieben nicht, sie sind höchstens besessen, fühlen Leidenschaft und sexuelles Begehren, das sie entweder einfach befriedigen oder dazu benutzen, einen Mann zu manipulieren. Im Gegensatz zum romantischen Liebesfilm, dessen Ziel es ist, ein sympathisches Paar auf dem Weg zur Gründung einer Familie zu zeigen, wird im *Film noir* die Zerstörung (durch die verführerischen *Bad girls*), aber auch das Zerstörerische der Familie gezeigt. Die Verbrechen, die *Bad girls* begehen, sind auch immer Verbrechen gegen die »Heiligkeit« der Ehe, die im *Film noir* nicht nur für gestörte Beziehungen steht, sondern auch ein Hindernis für sexuelle Erfüllung darstellt. Deshalb suchen die Helden und Heldinnen des *Film noir* ihre Beziehungen immer außerhalb der Ehe.

Das Fehlen von Verwandten, Freunden und ganz besonders von Kindern unterstreicht noch die negative Seite der pessimistischen *Noir*-Welt. Und wenn *Bad girls* Mütter sind, dann sind sie es entweder unfreiwillig wie Phyllis Dietrichson oder unzureichend wie Mildred Pierce. Die einzige, die vom bürgerlichen Glück mit Kind träumt, ist Cora Smith aus THE POSTMAN ALWAYS RINGS TWICE. Aber daraus wird natürlich nichts, denn eine der Strafen für *Bad girls* ist, daß nur gute

Frauen Mütter werden und bleiben dürfen. Am eindringlichsten demonstrieren Gene Tierney als Ellen in LEAVE HER TO HEAVEN und Bette Davis als Rose in BEYOND THE FOREST (1949), was sie von Kindern halten. Ellen stürzt sich – wie bereits erwähnt – als Schwangere die Treppe herunter, um ihr Kind zu verlieren, und Rose wirft sich aus demselben Grund in eine Kiesgrube.

Die Institutionen Ehe und Familie werden im *Film noir* durch erdrückende Langeweile, Sterilität und gegenseitige Verachtung dargestellt, die Kommentare dazu sind niederschmetternd. Selbst die Wohnungen der Familien sind so gefilmt, daß sie wie Gefängnisse wirken – dunkel, trostlos oder eng, mit häßlichen Möbeln vollgestellt. Das Eheleben der Dietrichsons ist das von unsympathischen Menschen der Mittelklasse, die sich nicht ausstehen können. Herr Dietrichson ist ein unangenehmer, grober Klotz ohne Manieren, der seine Frau als sexuelles Wesen ignoriert. Chris Cross in Fritz Langs SCARLET STREET ist mit einer bösartigen Karikatur verheiratet, die ihn gängelt und lächerlich macht. Professor Wanley aus Langs THE WOMAN IN THE WINDOW sieht man mit seiner Familie, die er zum Zug bringt – ein eingespieltes Team, das sich nichts zu sagen hat. Erst als er von der einengenden Familie befreit ist, kann sich der Professor seinen Phantasien und einem Abenteuer hingeben. Daß er dadurch allerdings in die Fänge einer mysteriösen Frau gerät und in einen Mord verwickelt wird, soll als Warnung dafür gelten, daß ein Mann ohne die beruhigende »Normalität« einer Familie, also ohne einen festen Platz in der Gesellschaft, bösen *Femmes fatales* schutzlos ausgeliefert ist.

Die Ehefrauen im *Film noir* sind, wie wir gesehen haben, alle extrem gelangweilt, sie verachten ihre Ehemänner, ihr Leben und oft auch die Kleinstadt, in der sie veröden. Ehe und Familie ist die erdrückendste Falle überhaupt, die einen jeglicher Freiheit, Freude und Würde beraubt und aus der man sich nur skrupellos und mit entsprechender Gewalt befreien kann. Ehe macht aus Frauen zynische Xanthippen, gefräßige Sexbomben, verbitterte Arbeitstiere, kontrollierende Hausfrauen oder Mörderinnen. Man muß nur einen Blick auf die Ehe- und Liebespaare werfen, die sich in vielen *Films noirs* gegenseitig töten, um eine Filmidee von der Allmacht der ungesunden Verstrickung, des Hasses und der Zerstörungswut von Mann und Frau (besonders Frau) zu erhalten. Erwähnenswert ist hier vielleicht, daß traditionell Frauen, die morden, eher Giftmischerinnen sind, denn sie bevorzugen den indirekten, unblutigen Tod. Die beliebteste Mordwaffe der *Bad girls* dagegen ist der Revolver – ein zweckgebundenes Instrument sowie Symbol männlicher Macht und Kontrolle – durch das der Tod laut, direkt, brutal und blutig eintritt.

Die fatalsten Paare sind Hausfrauen mit zuviel Begierde und zuwenig Skrupeln und dumme, gutgläubige Ehemänner. Da gibt es Parallelen zwischen Cora Smith und ihrem gutmütigen Trottel in THE POSTMAN ALWAYS RINGS TWICE und Phyllis Dietrichson und ihrem unerwünschten Anhängsel in DOUBLE INDEMNITY. Beide Frauen sind bedeutend jünger als ihre unattraktiven, grauen Ratten von Männern (auch hier eine Umkehrung des Klischees vom souveränen Brötchenverdiener und der profillosen Ehefrau), beide haben ihre Männer unterm Pantoffel, beide wollen Geld und suchen sich einen jungen Mann, der ihnen sofort verfällt, um den lästigen Ehemann zu töten. Und beide benutzen Sex, um ihre Ziele zu erreichen. Doch während Cora ein Verbrechen aus Leidenschaft begeht, denn sie liebt Frank wirklich und will den Ehemann nur loswerden, weil er ihrer Liebe und ihren Bestrebungen nach einem Leben mit Geld und Annehmlichkeiten im Wege steht, will Phyllis nur das Geld, nicht aber ihren Mordkumpanen Walter. Phyllis und Walter, wortlos geworden, schießen zum Schluß aufeinander. Das Ende von Cora und Frank ist sentimental, wenn auch genauso gewalttätig. Cora stirbt auf eine Weise, die nicht ihre Schlechtigkeit, sondern die Unvermeidbarkeit einer gerechten Strafe (und die Gefährlichkeit der kalifornischen Highways) reflektiert: durch einen Autounfall. Frank verliert jeglichen Halt, denn Verbrechen kettet mehr als jede Liebe. Er freut sich auf den elektrischen Stuhl, nicht, weil er bereut, sondern weil er ohne

Barbara Stanwyck kann es nicht lassen! Hier weist sie ihren Ehemann Walter (Kirk Douglas) unmißverständlich in die Schranken, während Van Heflin das Familiendrama ungerührt betrachtet (THE STRANGE LOVE OF MARTHA IVERS, 1946).

Cora nicht leben will. Sie sind im Tod vereint und treffen sich bestimmt in der Hölle des *Film noir,* die sehr bevölkert ist.
In THE STRANGE LOVE OF MARTHA IVERS (Lewis Milestone, 1946) liegt die Sache anders. Barbara Stanwyck ist die reiche Ehefrau und Erbin Martha Ivers, die an ihren feigen, schwachen Ehemann Walter (welch ein schöner Name für *noir-*Trottel) durch ein altes Verbrechen, von dem er weiß, gebunden ist. Sie hat das Geld, er muß den Mund halten, sie verdienen und verachten sich gegenseitig. In einer längst fälligen Konfrontation im Büro, wo ja in Filmen meist die Revolver in den Schubladen liegen, reicht Walter Martha ganz business-

Marilyn Monroe war das kalifornische Bad girl *mit Herz, das jeder liebte und bis heute vermißt – auch wenn sie in* NIAGARA *(1953) ihren Mann umbringen wollte.*

NIAGARA

like die Waffe, um ihre unselige Verbindung zu beenden. Sie
nimmt das Angebot an und erschießt sich. Dann bringt er sich
um. Dieser emotionslose Doppelselbstmord zeigt die Isolation und Gefangenschaft in der Ehe, hier fehlt sogar jede
Leidenschaft und auch die Intimität des Sich-gegenseitig-Er-
schießens.

Eine schwer zu charakterisierende Killer-Ehefrau ist Elsa Bannister. Sie ist sehr unklar gezeichnet (vielleicht weil Rita die Ehefrau von Orson Welles war). Ihr Ehemann ist im Gegensatz zu all den anderen ein reicher, sadistischer und dominanter Mann, den man gerne mithaßt. Elsa ist auch nicht der Boß in der Ehe, sondern die Unterlegene, aber sie weiß die Fäden zu spinnen und zieht den naiven Seemann Michael in ihren Bann. Sie möchte Michael nicht als Mörder anheuern, denn das Töten übernimmt sie ganz allein, sondern als Liebhaber gewinnen. Doch die Affäre befreit sie nicht aus der Ehefalle. Elsa gehört zu den romantischen Driftern, den *Bad girls* ohne Motiv, sie wirkt, als würde sie in Trance handeln, und scheint weder willensstark noch zielstrebig zu sein. Aber sie haßt ihren Ehemann genug, um ihn zu erschießen und sich damit für all seine Demütigungen zu rächen. Bannister tötet seine Frau, weil er sie als seinen Besitz betrachtet.

Es gibt einige *Bad girls,* die vom Ehemann getötet werden (wie in GUN CRAZY und HUMAN DESIRE [LEBENSGIER, 1954]) oder erfolglos versuchen, ihren Ehemann zu töten. Marilyn Monroe, besonders in ihren ersten Filmen ein eindeutiges *B-Bad girl,* spielt in NIAGARA (Henry Hathaway, 1953) eine gelangweilte Ehefrau, die zusammen mit ihrem Geliebten plant, ihren labilen, gerade aus der Nervenheilanstalt entlassenen Ehemann (Joseph Cotten) um die Ecke zu bringen. Wer könnte je vergessen, wie sie in einer offenherzigen Bluse am Lagerfeuer sitzt und eines ihrer verführerischen Lieder singt, während ihr kleines, zufriedenes Lächeln zeigt, daß sie den rastlos umherstreichenden Ehemann bereits als Leiche sieht. Aber der ist schlauer, als er wirkt. Er überlebt den Anschlag und verhilft seiner mörderischen Ehefrau zu einem Ende in den spektakulären Niagara-Fällen.

In Fritz Langs Film CLASH BY NIGHT (VOR DEM NEUEN TAG, 1952) passiert zwar kein Mord, aber erzählt wird dafür eine gute, pointierte Ehegeschichte, die all die Elemente beinhaltet, derentwegen normalerweise Morde geschehen. Barbara Stanwyck ist Mae Doyle, eine desillusionierte Frau, die in die Kleinstadt zurückkehrt, in der sie geboren wurde. »Home is where you go, when you run out of other places« (»Zuhause ist das, wohin du rennst, wenn du keine anderen Plätze mehr weißt«), erklärt sie bitter. Aus Resignation heiratet sie einen unattraktiven, aber gutmütigen und verläßlichen Mann, bringt eine Tochter zur Welt und führt den Haushalt. Die Sehnsucht nach Freiheit und Sexualität ist hinter einer Fassade von gespielter Gleichgültigkeit verschwunden. Dann taucht Earl (Robert Ryan) auf, ein rauher, ungebildeter, aber sexuell aggressiver Typ, der ihr ungeniert nachstellt. Er ist die Sorte Mann, die gerne zu Frauen sagt: »Stell dich nicht so an. Ich weiß doch, daß du es auch willst.« Mae wehrt ihn lange ab. Aber er steht häufig im Unterhemd in ihrer Küche herum, zeigt seine prächtigen Muskeln und fixiert sie lüstern beim Abwasch. Sie gibt seinem Drängen nach, was soll's, es ist immer noch besser, als dauernd zu kochen. Die Sache kommt raus, der Mann bestraft sie, indem er ihr die Tochter wegnimmt und auszieht. Sie sieht ihre verwerfliche Tat ein, bittet um Vergebung und wird gnädig zurückgenommen.

Im *Film noir* sind es immer nur die Frauen, die aus einem öden, emotional armseligen Leben ausbrechen oder sich der anderen Ehehälfte entledigen wollen – das erscheint wie ein männlicher Alptraum und eine weibliche Phantasie. Die Ehemänner, meist impotent, was manchmal durch Krücken oder Rollstühle symbolisiert wird, sind allesamt Sadisten oder Trottel, liebeshungrige Mittelklasse-Idioten oder passive, gehörnte Opfer. Entspringen diese negativen Bilder über Männer, Frauen und Ehe nun den Erfahrungen der Regisseure und Autoren, oder handelt es sich um ihre Interpretation dessen, was sie in den Seelen der Frauen vermuten? Jedenfalls erstaunt es, daß die Schöpfer der *Films noirs* einen ziemlich akkuraten Einblick in die sexlose Langeweile von Ehe aus dem Blickwinkel der Frau haben und deren Frustrationen und Haßgefühle so überzeugend darstellen können. Was sagt noch gleich der verkrüppelte Bannister zu der makellos schönen Elsa, als sie beide todgeweiht am Boden liegen: »I was getting tired of both of us.« (»Ich hatte uns langsam beide satt.«)

Noch mehr *Bad girls* und kein Ende

Es gibt natürlich mehr *Bad girls,* als die in diesem Buch ausführlich besprochenen. Deshalb sollen im folgenden Kapitel noch einige berühmte Klassiker, in denen schlechte Frauen mit guten Rollen glänzen, in etwas gerafferer Form Erwähnung finden.

Edward Dmytryks Film MURDER, MY SWEET (nach Raymond Chandlers »Farewell, My Lovely«) ist einer der visuell experimentellsten *Films noirs* überhaupt. Claire Trevor spielt darin ein wunderbar biestiges Luder, das ehemalige Showgirl Velma Valento. Dick Powell als der ironische Schnüffler Philip Marlowe hat den Auftrag, nach eben dieser Velma zu suchen, kann sie aber nicht finden. Auf einen Juwelendiebstahl angesetzt, landet er in dem luxuriösen Wohnzimmer einer Mrs. Grayle, die schamlos ihre nackten Beine aus dem geschlitzten Kleid streckt und Marlowe von oben bis unten mit einem schläfrigen Blick fixiert. Mrs. Grayle hat sehr reich geheiratet, aber man sieht ihr an, daß sie auch schon weniger gute Tage erlebt hat. Es braucht seine Zeit, bis Marlowe endlich herausfindet, daß die offenherzige Ehefrau, die ihn bald darauf in ihrem Strandhaus verführen will, die verschwundene Velma ist. Wie in sehr vielen *Films noirs* gestaltet sich der Plot so kompliziert, daß hier nur gesagt werden soll, wie gut Velma schießen und küssen kann. Am Ende gibt es drei Leichen, inklusive der von Velma, und Philip Marlowe ist froh, einer so ruchlosen Sexbombe gerade noch aus den Fängen geschlüpft zu sein.

Eine ganz besondere Sorte von *Bad girl* (in diesem Fall sollte man vielleicht besser *Bad woman* sagen), dem niemand entschlüpft, hat Billy Wilder in einem anderen Meisterwerk, SUNSET BOULEVARD (1950), geschaffen. Norma Desmond, der alternde, auf ein Comeback wartende Movie-Star, repräsentiert besonders gut einige der typischen und als unverschämt geltenden Eigenschaften einer *Femme fatale:* ihre

Unabhängigkeit und ihren Unwillen, sich anderen Gesetzen als den ihrigen zu beugen. Norma ist eine grandiose Figur, ohne Kinder und Familie. (Der Schimpanse, den sie im Film begräbt, ist ihr Kind.) Ihr Versagen, romantische Liebe dauerhaft in ihr Leben zu integrieren, ist so offensichtlich wie die Tatsache, daß neben Norma Desmond keiner Platz hat – nur unter ihr. Norma ist die ausgeprägteste Egomanin unter den *Bad girls,* mit einem zur Kunstform erhobenen Narzißmus. Sie ist im Gegensatz zu den meisten weiblichen Leinwandmonstern nicht an Geld, Macht oder Rache interessiert, sondern nur an ihrer Selbstdarstellung. Norma ist die Hauptperson, der Star. Ihr Blick ist auf sich selbst, nicht auf den Mann gerichtet. Sie betrachtet sich oft im Spiegel, ihre großen Selbstporträts hängen überall in dem verfallenen Starpalast am Sunset Boulevard. Die Leute, die sie um sich duldet, ste-

Sunset Boulevard

hen in ihren Diensten. Ihr Ex-Ehemann und Chauffeur Max von Mayerling (Erich von Stroheim) ist ihr loyalster Fan und Untergebener, der alles für sie tun würde. Der junge, erfolglose Drehbuchautor Joe Gillis (William Holden), den sie aufgreift, arbeitet und schreibt, um ihre Ziele zu verwirklichen. Sie interessiert sich nicht für sein Leben, verlangt aber von ihm, daß er rund um die Uhr an ihrem teilnimmt, immerhin ist sie seine Arbeitgeberin und bezahlt für seine Dienste als Gigolo und Autor. Norma Desmond hat eine ganz klare Vorstellung von sich. Nachdem Joe erkannt hat, welcher Legende er gegenübersteht, stellt er etwas abfällig fest: »You used to be big!« (»Sie waren einmal ganz groß!«) Norma antwortet mit den unvergeßlichen Worten: »I am big, it's the pictures that got small.« (»Ich bin groß, es sind die Filme, die kleiner geworden sind.«) Daß ein wirklicher alternder Star, Gloria Swanson (sie war erst Ende 40!), Norma Desmond spielt, ist besonders wirkungsvoll und gibt dem Film eine unbehagliche Authentizität. Die Kameraführung (von John F. Seitz) ist *Film noir* in seiner reinsten Form. Norma lebt im Halbdunkel, sie will nicht, das jemand ihren körperlichen Verfall erlebt. Ihre sinister aussehende Villa ist mit Schnickschnack und Möbeln aus den zwanziger Jahren (ihrer großen Zeit) vollgepackt und wirkt wie ein verstaubter Film-Set. Norma dominiert den gesamten Film auch visuell, sie ist eine theatralische, vollkommen stilisierte Erscheinung. Joe, lediglich ein durchschnittlicher junger Mann, hat keine Chance, sich aus den Fängen einer so raffinierten älteren *Spider woman* zu befreien.

Ganz anders natürlich das *Good girl* Betty, keine mondäne Frau mit extravaganter Garderobe wie Norma, sondern ein frisches Mädel im Twinset, das an Joe glaubt und einfach nur tippt, während er seine Werke diktiert – ganz wie es sich gehört. Sie träumt von seiner Karriere, nicht von ihrer eigenen und wünscht sich das kleine Eheglück. Aber dazu kommt es nicht, weil Norma ihrem bezahlten Liebhaber jede Chance auf ein traditionelles Leben mit seiner Freundin nimmt. Joe und Norma gehören zusammen, sie sind beide korrupt und

Verlierer. Als Joe von ihr weg will, erschießt sie ihn einfach. Keiner verläßt Norma Desmond ohne ihre Erlaubnis. Sie hat die Mentalität eines Diktators, eines allmächtigen Patriarchen oder Gangsterbosses. Aber ihr »Größenwahn« wird bestraft, indem sie auf eine kleine, unbedeutende Frauengröße reduziert wird, dazu verdammt, in einer Scheinwelt zu leben, als Karikatur verlacht und bedauert zu werden. Wie kann eine Frau glauben, derartig wichtig zu sein? Das ist nur in ihrer krankhaften Imagination – und im Film – möglich. Als sich Norma in einem alten Film sieht, schreit sie hingerissen: »They don't make faces like that anymore!« (»Solche Gesichter gibt es heute gar nicht mehr!) In der Tat, und auch keine solchen Filme mehr wie diesen.

Fritz Lang, Billy Wilders Immigranten-Kollege, war einer der profiliertesten Meister des Genres. Er drehte elf der bekanntesten *Films noirs*, darunter SCARLET STREET (1945), WOMAN IN THE WINDOW (1944), THE BLUE GARDENIA (GARDENIA, EINE FRAU WILL VERGESSEN 1953), THE BIG HEAT (1953), HUMAN DESIRE (1954). Besonders SCARLET STREET und THE WOMAN IN THE WINDOW, beide mit Joan Bennett und Edward G. Robinson, sind pessimistische und zynische Filme, in denen das beliebte Motiv »Unbescholtener Bürger/Angestellter gerät in die Fänge einer betrügerischen *Femme fatale*« zur Perfektion entwickelt wurde. In Langs düsterer Welt ist sich jeder selbst der Nächste und schlägt zu, um sich zu bereichern. Es sind gerade die am durchschnittlichsten wirkenden Menschen, die der abscheulichsten Verbrechen, Betrügereien und Lügen fähig sind.
Christopher Cross (Edward G. Robinson) aus SCARLET STREET führt als kleiner Angestellter ein freudloses Leben. Er ist mit einer ewig meckernden Frau verheiratet, die den totgeglaubten ersten Ehemann vergöttert und sich über die Sonntagsmalereien von Chris lustig macht. Als er eines Tages nach Hause geht – und es ist kein Wunder, daß er es nicht eilig hat –, sieht er auf der Straße in Greenwich Village einen Mann eine Frau schlagen und kommt ihr zu Hilfe. Der Typ (es

ist ihr Liebhaber) rennt weg, und Chris, ganz Gentleman, bringt die attraktive Kitty (Joan Bennett) nach Hause. Die, keineswegs eine Dame, sondern eine Art Prostituierte, leckt sich die Lippen ob eines so naiven Opfers und spricht die verheißungsvolle Einladung aus, doch bald einmal vorbeizuschauen.

Chris kann sein Glück kaum glauben, beginnt sie zu umwerben und ist schon bald Wachs in ihren Händen. Kittys billiger Boyfriend Johnny – wie immer der blonde, sadistische Dan Duryea mit der Fistelstimme – überredet sie, den ahnungslosen Chris nach Strich und Faden auszunehmen. Kitty und Johnny sind das perfekte Paar: unmoralisch, gierig, dumm, er prügelt sie, und sie liebt das. Endlich haben die beiden einen Narren gefunden, der ihre Wünsche finanziert, Kitty muß nur ein bißchen Sex einsetzen. Dabei ist sie nicht wirklich an Sex interessiert, da – wie für die meisten *Bad girls* – Sex nur ein Mittel ist, um an Geld zu kommen. Chris fühlt sich geschmeichelt von Kittys Aufmerksamkeit und wird – ganz liebeskranker Idiot – zum Verbrecher. Er unterschlägt Geld in seiner Firma, um Kitty ein Apartment in Greenwich Village einzurichten, wie man es geschmackloser und überladener selten auf der Leinwand zu sehen bekommen hat. Froh, seinem deprimierenden Zuhause entrinnen zu können, kommt Chris gerne vorbei und dekoriert die Wohnung sogar mit seinen selbstgemalten Bildern. Er ist mit Freude Kittys *Sugardaddy*, sein Verhältnis zu ihr ist eher väterlich. Als er sie überraschend besucht, während Johnny da ist, kickt sie dessen Schuhe und Hut unters Bett, während er sich im Badezimmer versteckt. Kitty verhält sich wie eine Tochter, die ihren Freund vor dem Vater versteckt. Aber Chris erwischt Johnny natürlich eines Tages bei ihr. Die aber lügt frech, daß Johnny ihr Cousin sei. Chris glaubt alles, im Vergleich zu seiner Ehefrau erscheint ihm Kitty wie das große Los, er ist blind vor Liebe.

Chris fängt an, Kitty zu porträtieren, und sie, die sich gar nicht für Kunst interessiert, beschließt, diese Bilder zu verscherbeln, und zwar als ihre eigenen. Die Bilder gehen phantastisch, und sie wird eine Berühmtheit; scheinbar entspricht

Da kann Kitty (Joan Bennett) nur lachen. Der kleine Angestellte Edward G. Robinson macht ihr in Fritz Langs SCARLET STREET (1945) einen Heiratsantrag.

Kitty durchaus den Vorstellungen, die die New Yorker Kunstwelt von einer begabten Malerin hat. Chris entdeckt den Betrug, aber Kitty kann so herrlich lügen und Chris ist so besessen von ihr, daß er wieder alles glaubt. Dann taucht überraschend der totgeglaubte Ehemann seiner Frau auf, und Chris ist überglücklich, denn jetzt ist er frei und kann Kitty heiraten. Begeistert läuft er zu ihr, ertappt sie aber mit »Cousin« Johnny in einer eindeutigen Situation. Chris, der unterdrückte, häßliche Nobody, verwandelt sich in einen Berserker, nimmt den Eispickel und sticht wie wild auf Kitty ein, etwas, das wir verdoppelt in ihrem Schlafzimmerspiegel sehen können. Johnny verschwindet, wird aber von der Polizei geschnappt und als Mörder verurteilt. Chris' Firma entdeckt dessen Unterschlagungen, läßt ihn aber laufen. Jetzt ist er frei, aber ohne jede Verbindung zu seiner vertrauten Bürgerwelt. Seine Bilder kann er nicht verkaufen, denn jeder denkt, sie seien von Kitty. Er hat alles verloren und ist dazu verdammt, ein derangierter Stadtstreicher zu werden, der in einem heruntergekommenen Pennerhotel sitzt und Stimmen aus der Vergangenheit hört. Die Lehre aus dieser Tragödie: Männer sollten ihren Gentleman-Tick vergessen und auf keinen Fall irgendwelchen Frauen auf der Straße zu Hilfe kommen.

THE WOMAN IN THE WINDOW hat viel Ähnlichkeit mit dem ein Jahr später erschienenen SCARLET STREET. Dieselben Darsteller, Joan Bennett, Dan Duryea und Edward G. Robinson, spielen in einer ähnlichen Konstellation. Diesmal ist Robinson Professor Wanley, ein Mann mittleren Alters, der seine in

WOMAN IN THE WINDOW

Her mit der Schere! Bad girl *Joan Bennett hat keineswegs vor, ein wenig zu nähen. Vielmehr reicht sie das Mordinstrument dem armen Professor in Fritz Langs* THE WOMAN IN THE WINDOW *(1944), damit er ihr die Arbeit abnimmt.*

die Ferien fahrende Familie am Bahnhof verabschiedet und bei einem Spaziergang als frischer Strohwitwer im Fenster einer Galerie ein Gemälde mit einer schwarzhaarigen Schönheit entdeckt, die ihn sofort fasziniert. Plötzlich steht genau diese Frau, Alice Reed (Joan Bennett), mit ihrer mysteriösen Ausstrahlung neben ihm. Sie lädt den Professor zu einem unverfänglichen Drink in ihre Wohnung ein, aber die nette Stimmung wird unterbrochen, als ihr Freund hereingestürzt kommt und Wanley attackiert. Alice reicht dem Professor schnell eine Schere, und er tötet den Freund. (Lang liebt spitze Gegenstände mehr als Pistolen.) Danach versteckt er die Leiche im Wald, und alles scheint in Ordnung zu sein. Plötzlich jedoch erscheint der Bodyguard des Toten auf der Bildfläche und will Wanley erpressen, scheinbar weiß er von dem Mord. Um seine Familie und seinen guten Ruf vor einem entwürdigenden Skandal zu schützen, will Wanley Gift schlucken. Aber der Erpresser wird bei einer Konfrontation mit der Polizei erschossen, und man hält ihn für den Mörder. Als Alice den Professor anruft, um ihm die freudige Nachricht zu erzählen, hört der schon nicht mehr das Telefon. Wir sehen schließlich Wanley, wie er verschreckt in seinem Sessel im Herrenclub aufwacht. Er war eingeschlafen und hatte nur einen Alptraum gehabt. Erleichtert macht er sich auf den Nachhauseweg, kommt an der Galerie vorbei, und da spricht ihn tatsächlich eine schöne Unbekannte an. Aber der Professor weiß es besser und eilt davon, kuriert von seiner Lust nach Abenteuern mit *Femmes fatales*.

Ein Kult-Klassiker der B-Serie ist über die Jahre DETOUR (UMLEITUNG, 1945) von Edgar G. Ulmer (ein Wiener wie Wilder) geworden. In sechs Tagen mit den unbekannten Darstellern Ann Savage und Tom Neal gefilmt – man kann's sehen –, zeigt er ein wirklich scheußliches *Bad girl* und deren passendes Ende. Roberts (Tom Neal), ein typischer Verlierer ohne Geld, trampt von New York nach Los Angeles. Ein sonderlicher, alter Mann nimmt ihn mit und zeigt ihm ein paar Kratzer, die ihm eine wilde Tramperin gerade zugefügt hat. Der Alte stirbt unterwegs an einem Herzanfall, und Roberts hat Angst, des Mordes verdächtigt zu werden, wenn er die Polizei ruft. Also nimmt er das Geld des Mannes und nach kurzer Überlegung auch dessen Identität an. Dann sieht er Vera (Ann Savage) an einer Tankstelle. Sie fragt ihn patzig, ob er sie mitnehmen könne. Er tut es, weiß aber nicht, warum. Sie

Für viele der schrägste Film noir *aller Zeiten aus der B-Kategorie: Edgar G. Ulmers Hitchhiker-Tragödie* DETOUR *(1945).*

besitzt keinerlei Charme, ist eher häßlich, impertinent, unfreundlich, hat aber etwas, dem sich Roberts nicht entziehen kann. »Was hast du mit der Leiche gemacht«, fährt sie ihn etwas später im Auto an, denn sie erkennt den Wagen des Toten, der sie mitgenommen hatte. Gerissen wie sie ist, überblickt Vera die Situation sofort, erpreßt Roberts und läßt ihn nicht mehr aus ihren Fängen, bis sie in Los Angeles sind. Sie hat einen besonderen Plan, um von der Familie des Toten Geld herauszuschlagen. In Los Angeles ziehen die beiden in ein Hotel, und Roberts versucht ein paarmal, das Mädchen loszuwerden, aber er schafft's nicht. Vera hat ihre mißtrauischen Augen überall und kommt ihm jedesmal zuvor. Das Leben mit der manischen Frau ist anstrengend, um es milde auszudrücken. Ihr Äußeres ist – nachdem sie sich ein paar neue schwarze Kleider besorgt hat – zwar attraktiver, doch sie trinkt, ist sexbesessen, nicht ganz richtig im Kopf und wahrscheinlich auch krank, da sie ständig hustet. Roberts nennt sie deshalb auch mal zärtlich »Kameliendame«, obwohl Veras Gehuste keineswegs so ätherisch wirkt wie das von Greta Garbo in ihrer Paraderolle. Während eines Anfalls von Paranoia droht sie Roberts, die Polizei anzurufen, verschwindet mit dem Telefon, das eine extra lange Schnur hat, im Schlafzimmer und schließt sich ein. Roberts zieht heftig an der Schnur, die zufällig um Veras Hals gewickelt ist und ihr die Luft abschnürt. Tja, Pech muß man haben. Nun ist Roberts in zwei Morde verwickelt, die er nicht begangen hat. Vera hat gewonnen, und er ist erledigt. Ein *Film noir*-Held, wie er im Buche steht: von einer Frau an der Nase herumgeführt, unschuldig, auf der Flucht. Daß das Leben die Kunst imitiert, bestätigte eine Episode aus dem Leben von Schauspieler Tom Neal: Der Trinker und Schläger, der mehrmals verheiratet war, tötete 1965 seine Frau und kam hinter Gitter.

Ein weiterer, schnell gedrehter, billiger, aber phantastischer Kult-Thriller ist GUN CRAZY (Joseph H. Lewis, 1949). Er hat einen brillanten Plot und liefert einen besonders treffsicheren Kommentar über Amerikas Faszination von Waffen als Ausdruck der Selbstdarstellung. Bart (John Dall), ein sensibler junger Mann, der von Kind an eine unnatürliche Vorliebe für Waffen hat, geht zur Armee und wird dort Scharfschütze. Wieder zu Hause, trifft er eines Tages auf dem Jahrmarkt seinen weiblichen Doppelgänger, die bildhübsche, platinblonde Scharfschützin Laurie (Peggy Cummins), die mit den Hüften wackelt und einen Schmollmund macht, während sie zielt – es ist Liebe auf den ersten Schuß. Bart ist entzückt von der gemeinsamen Schießleidenschaft und will bei Laurie bleiben. Er bekommt einen Job als ihr Partner, aber beide fliegen schon bald bei der Show raus. Sie ziehen von Stadt zu Stadt, allerdings nicht, ohne vorher geheiratet zu haben. Der naive

Peggy Cummins und John Dall machen Amerikas Straßen unsicher und schießen sich à la Bonnie und Clyde durch den Kult-Klassiker GUN CRAZY *(1949).*

Bart hält Laurie für einen Engel mit Pistolen und ist verwundert, als sie nachdenklich beim Standesamt sagt: »I wanna be good. Up to now I haven't been good.« (»Ich möchte gerne gut sein. Bis jetzt bin ich nicht gut gewesen.«) Laurie teilt uns in verschlüsselter Form mit, daß sie mal einen Mann erschossen hat.

Sie ist eher der rastlose Typ und hat bald genug von den gemeinsamen Auftritten auf lausigen Jahrmärkten. Sie will ein besseres Leben, in dem sie der Boß ist. »I've been kicked around all my life – now I'm kicking back« (»Ich bin mein Leben lang herumgeschubst worden. Jetzt schubse ich zurück«), kündigt sie Bart an. Sie weiß auch schon wie und bedrängt Bart, es doch mal mit einem Banküberfall zu versuchen. »I want action«, bricht es aus ihr heraus. Bart, immer noch einfältig und verliebt, gefällt die Idee nicht, doch Laurie umgarnt ihn, und er gibt schließlich nach. Sie überfallen eine Bank, und weil es so gut geklappt hat, starten sie zu einer kleinen »Bonnie und Clyde«-Tour durch mehrere Städte. Doch bald haben die beiden genug von dem Leben auf der Flucht und träumen, wie alle Gangsterpärchen, von einem Häuschen mit Garten, in dem sie streßfrei und nur so aus Spaß etwas herumschießen können. Nur noch einen großen Überfall wollen sie machen. Der klappt aber nicht perfekt, da Lauries latente Unbeherrschtheit durchbricht und sie jemanden erschießt. Von dem angstschlotternden Bart zur Rede gestellt, der jetzt endlich begreift, daß seine Gattin etwas zu leicht und zu gern von Schußwaffen Gebrauch macht, erklärt sie mit der ihr eigenen Logik: »I get so scared, I can't even think. I can only kill.« (»Ich kriege so schreckliche Angst, daß ich nicht mehr denken kann. Ich kann nur noch töten.«)

Von der Polizei gesucht, kreuzt das verbrecherische Pärchen in Barts Heimatstadt bei seiner Schwester auf, um sich dort zu verstecken. Zwei gute Freunde aus der Kindheit versuchen Bart dazu zu überreden, sich zu stellen, aber es ist zu spät; er kann nicht mehr zurück. Er flieht mit Laurie in die Berge. In einer wahnsinnigen Szene im langsam heranziehenden Nebel findet das Ende dieser ungewöhnlichen Beziehung statt.

Barts Freunde sind den beiden mit der Polizei gefolgt und bitten das Paar zum letzten Male darum, sich zu ergeben. Laurie, der Hitzkopf, macht das nicht mit, holt ihre Pistole hervor und will abdrücken. Doch da ist Bart endlich mal schneller

Scharfschützin Peggy Cummins aus GUN CRAZY trägt praktische Arbeitskleidung, die etwas aushalten muß. Bei Banküberfällen kommt's auf Schnelligkeit und nicht auf Eleganz an.

und erschießt seine Frau, bevor die seine zwei Freunde erschießen kann.

Die Entscheidung des Helden, zu seinem eigenen Geschlecht zu stehen, es zu schützen und die Frau als gefährliche Außenseiterin zu eliminieren, zieht sich durch viele Beziehungen im *Film noir*. Mann und Frau sind Feinde, die einzige Form von Intimität und Zärtlichkeit findet zwischen Männern statt. Die Frau ist wie eine Waffe, verführt zum Übel, nimmt den leichtgläubigen Jungen (der Regisseur nahm einen homosexuellen Schauspieler, um eine gewisse »weibliche« Verletzlichkeit besser zu projizieren) an der Hand und schießt sich den Weg in den Abgrund frei. GUN CRAZY mit seinen zwei Protagonisten, die sich ihre Frustration von der Seele ballern, wirkt erschreckend aktuell und ist bis heute zweifelsohne das Vorbild vieler nachfolgender Filme, in denen gesetzlose Paare schießend durch die amerikanische Landschaft fahren.

Eine Waffe spielt auch eine wichtige Rolle in Otto Premingers elegantem und perfektem Thriller LAURA mit Gene Tierney als Titelfigur. Diese wird uns zunächst auf einem Porträt vorgestellt, das über dem Kamin in ihrem maßgeschneiderten New Yorker Apartment hängt. Laura ist im wahrsten Sinne des Wortes das Bild von einem *Bad girl* – eingerahmt, unwirklich, nicht erreichbar (ebenso wie Joan Bennett in WOMAN IN THE WINDOW). Angeblich ist sie tot, von einem Unbekannten erschossen. Ihre Identität und Persönlichkeit werden von zwei Männern erklärt: Der eine, Kolumnist Waldo Lydecker (Clifton Webb), vergöttert sie, und der andere, Detektiv McPherson (Dana Andrews), mißtraut ihr ganz instinktiv. Waldo erzählt von der ambitionierten und bildschönen Werbegrafikerin Laura, für deren kometenhafte Karriere er verantwortlich sei und deren Verehrer und ständiger Begleiter er scheinbar war, bis sie ihm die Freundschaft aufkündigte. McPherson hingegen ist nicht der Typ Mann, den so ein reiches Karriere-Girl auch nur im entferntesten interessieren könnte, aber er fühlt sich so von ihrem Bild gefangengenommen, daß er sich in die mysteriöse Tote verliebt. Um so größer der

»Gestehen Sie, Laura Hunt!« Die schöne, mysteriöse Totgeglaubte (Gene Tierney) wird in LAURA *(1944) vom hartgesottenen Detektiv Dana Andrews nach allen Regeln der* Noir-*Kunst gegrillt.*

Schock, als Laura plötzlich auftaucht, putzmunter und ungehalten über den Detektiv, der in ihrem Wohnzimmer sitzt und ihr Tagebuch durchgeht. Sie hatte einer Kollegin die Wohnung für ein paar Tage zur Verfügung gestellt, und die ist es auch, die in ihrem Apartment erschossen wurde. Aber McPherson traut Laura nicht, sondern hält sie sogar für die Mörderin. Doch sie hat ein Alibi, und McPherson verliebt sich langsam in die wirkliche Laura. Als schließlich noch ihr Ex-Verlobter Shelby ermordet wird, ist klar, daß hier ein gefährlicher Killer am Werke ist – und das kann niemand anders sein als der vor Eifersucht rasende Lydecker. Laura, die unerreichbare Schönheit im Rahmen, hat nichts Böses getan, außer auf ihrer Unabhängigkeit zu bestehen und sich gegen den besitzergreifenden Waldo zu wehren, der glaubt, daß er sie kreiert habe und deshalb kontrollieren könne. Doch das macht Laura zur Zerstörerin der männlichen Dominanz und Phantasie. Sie wird schuldig, weil sie die Ursache für eine Reihe von Morden ist.

Viele Bette-Davis-Fans finden, daß ALL ABOUT EVE (ALLES ÜBER EVA, 1950) von Joseph L. Mankiewicz ihr bester Film ist. Diesesmal spielt Davis nicht so offensichtlich das *Bad girl,* sondern erst mal das Opfer Margo, einen alternden Broadway-Star, der von der abgebrühten Anfängerin Eve (Anne Baxter) mit hinterhältigen Methoden entthront wird. Mit gespielter Unschuld eignet sich Eve, das Luder, nicht nur Margos Rollen an, sondern auch ihre Männer, ihre Freunde, ja ihr ganzes Leben. Doch es geht in diesem Film weder um Männer noch Geld, sondern um Konkurrenz zwischen Frauen und die gnadenlose Brutalität, mit der sich die Geschlechtsgenossinnen gegenseitig aus dem Weg räumen. Der Feind aus der eigenen Mitte ist nicht weniger ernst zu nehmen als jeder Mann. Bei genauerer Betrachtung entdeckt man, daß Eve auch die Funktion hat, Margo, die ihr Leben lang nichts weiter als ihre Karriere im Sinn hatte (und deshalb auch ein *Bad girl* ist), für dieses unweibliche, ambitionierte Benehmen zu bestrafen. Margo nimmt zum Schluß ihre Bestrafung einsichtig entgegen, denn ihr unfreiwilliger Abgang konfrontiert sie mit dem Verlust des traditionellen Frauenlebens, das sie so leichtfertig aufs Spiel gesetzt hat.

THE HEIRESS (DIE ERBIN, 1949) ist ein exzellenter Film von William Wyler, in dem ein sehr besonnenes *Bad girl* unseren Beifall hat. Olivia de Havilland, eine unattraktive, reiche Erbin im New York der Jahrhundertwende, verliebt sich in den schmeichlerischen Nichtsnutz Morris Townsend (Montgomery Clift), der nur ihr Geld im Auge hat. Sie will ihn heiraten, wird aber von ihrem hartherzigen Vater enterbt. Townsend flüchtet, und die verbitterte Tochter packt verstört den Schleier weg. Als sie Jahre später doch das Vermögen des geizigen Greises erbt, steht ihr früherer Verehrer plötzlich wieder vor dem Portal und beteuert erneut seine Zuneigung und seine Heiratspläne. Olivia, inzwischen eine selbstbewußte

»Schnallt euch an Kinder, es wird eine stürmische Fahrt heute nacht«, sagte Bette Davis in ALL ABOUT EVE (1950). Das galt eigentlich für alle Filme, in denen eines der besten aller Bad girls *spielte.*

Frau ohne Illusionen, die weiß, daß Geld selbst schmucklosen Frauen eine besondere Schönheit verleiht, nimmt den Antrag scheinbar gerührt an und bestellt ihn für Mitternacht ins Haus. Als Townsend zur verabredeten Zeit an die Tür klopft, unterbricht sie ihre Stickarbeit, geht zur Tür und verriegelt diese von innen mit einem feinen, aber bestimmten Lächeln. Anschließend schreitet sie langsam die Treppe hinauf. Als ihre Tante sie fragt: »Kannst du so grausam sein?«, antwortet sie: »Ja, ich kann so grausam sein. Ich hatte großartige Lehrmeister.«

Otto Premingers ANGEL FACE aus dem Jahr 1952 zeigt, daß auch Töchter, die auf ihre Väter fixiert sind, geeignete *Bad girls* sein können. Jean Simmons spielt Diane, ein reiches, neurotisches Mädchen, das ihren Vater (Herbert Marshall) abgöttisch liebt, aber die Mutter haßt. Frank (Robert Mitchum), ein Ambulanzfahrer, wird zu einem Haus in Beverly Hills gerufen. Die Dame des Hauses ist gerade noch einer tödlichen Gasvergiftung entkommen. Ein Mädchen mit einem Engelsgesicht sitzt am Klavier. Frank gibt ihr zu verstehen, daß die Patientin überleben wird, worauf das schöne Mädchen einen hysterischen Anfall bekommt. Er knallt ihr eine, recht hart, und sie schlägt sofort zurück, entschuldigt sich aber, worauf er gönnerhaft meint: »Okay, vergiß es, ich bin schon mal von Weibern geohrfeigt worden.« Und Robert Mitchum, der dieses wilde Benehmen aus Frauen herauszukitzeln scheint, glaubt man das aufs Wort. Diane verfolgt ihn von da ab wie ein junger Hund, sie setzt ihm so lange zu, bis er den Job eines Chauffeurs im Hause annimmt. *Bad girls* haben gern jemanden um sich, den sie rumkommandieren können, der ihnen untersteht beziehungsweise unterliegt, nicht nur in sexueller Hinsicht. Diane bearbeitet Frank so lange, bis er seine Freundin sitzenläßt und sie heiratet. ANGEL FACE spielt, wie der Name schon sagt, mit der allseits bekannten Vorstellung, daß engelsgleiche Schönheit und extrem unschuldiges Getue keine Garantie für einen entsprechenden Charakter sind. Das faszinierende an den *Bad girls* ist ja gerade, daß sofort absolut klar ist, daß sie nicht mit Engeln, sondern mit dem Teufel im Bunde sind. Jedenfalls ist Diane eine Mörderin mit Vaterkomplex (genau wie Ellen aus LEAVE HER TO HEAVEN), und beim nächsten Mordversuch an der störenden Stiefmutter wird der geliebte Vater bei dem fingierten Autounfall versehentlich getötet. Frank sieht inzwischen ein, daß Diana nicht die Richtige ist, und will ausziehen. Aber da kennt er die bösen Mädchen schlecht. Die lassen niemals jemanden einfach so gehen und nehmen auch keine Zurückweisung hin, sie bestimmen selbst den Zeitpunkt des Abschieds. Diane möchte nicht ohne Frank leben, und er soll auch nicht ohne sie leben. Also spielt sie den Racheengel, und es gibt schon wieder einen tödlichen Autounfall mit zwei Leichen.

Ava Gardner, sicherlich eine der schönsten Frauen Hollywoods, spielte in ihren ersten Filmen ausschließlich *Bad girls*. Daß ihr ein Mann mit Haut und Haaren verfällt, für sie lügen, stehlen und töten würde, ist durchaus verständlich, wenn man sie als Kitty Collins in THE KILLERS (Robert Siodmak, 1946), nach einer Kurzgeschichte von Ernest Hemingway, singen sieht (das Hören ist unwichtig). Kitty wirft nur einen Blick aus ihren leicht geschlitzten Pantheraugen, schüttelt ihre schwarzen Locken, und der junge Burt Lancaster (übrigens in seiner ersten Rolle) als der melancholische Boxer Swede, der auf die schiefe Bahn geraten ist, findet das Leben lebenswert. Das liegt sicherlich auch daran, daß Kitty ein schwarzes Satinkleid wie Gilda trägt und pure Sexualität ausstrahlt, ohne sich besonders anzustrengen. Alles an Kitty wirkt fließend, sie ist passiv und faul. Sie hat kein Interesse an Unabhängigkeit, sondern will, daß für sie gesorgt wird. Deshalb ist sie mit einem Gangsterboß befreundet.

Kitty verkörpert den Typ von *Bad girl,* der in exotischen Bars und Nachtclubs am besten aufgehoben ist, dort kann sie im Dunkeln auf der Lauer liegen wie eine große Katze und schnurren. Swede und Kitty passen nicht zusammen: Kitty hat keinen Sinn für Verlierer, und Swede ist einer, also verrät sie ihn und kehrt zu ihrem korrupten Liebhaber zurück. Swede, dem zwei gekaufte Killer auflauern, mag nach Kittys Verrat weder kämpfen noch leben, er liegt (natürlich im Unterhemd) in einem heruntergekommenen und natürlich dunklen Hotelzimmer auf dem Bett, raucht, wartet und läßt sich ohne Widerstand umbringen. Traurig, aber *noir*.

Bad girls kennen keine Grenzen. Sie verüben nicht nur kaltblütige Morde, bitten in Bars Fremde um Feuer für ihre Zigarette oder tragen in großstädtischer Manier breitschultrige Mildred-Pierce-Kostüme. Deshalb mußte sich selbst der Western ein paar herrische Flintenweiber in Cowboystiefeln gefallen lassen. Nun ist dieses Genre, in dem es um Profitgier, Betrug und Machtkämpfe geht, kein schlechtes Terrain für die Art von zügellosem Benehmen, das *Bad girls* auszeichnet.

THE KILLERS

Es gibt darin natürlich die Saloon-Schlangen, die wie Christbäume dekoriert sind und mahnende Worte für den angetrunkenen Sheriff oder den falschspielenden Richter haben. Sie verkörpern zwar moralisch gesehen *Bad girls,* weil sie auch Sex verkaufen, haben aber ein Herz aus Gold und werfen sich oft für den Helden in den Kugelhagel. Nein, die Rede ist hier von Frauen in Hosen, mit einem Gewehr im Anschlag und einem kalten Starren in den Augen, das jeden noch so rauhen Cowboy in die Sporen treten und das Weite suchen läßt. Wir sprechen von Barbara Stanwyck, die – parallel zu ihrer Karriere als *Bad girl* – ab den späten vierziger Jahren auch noch die konkurrenzlose Western-Queen war. Egal, ob sie einen Treck anführte wie in CALIFORNIA (1946), die CATTLE QUEEN OF MONTANA (KÖNIGIN DER BERGE, 1954), die rachsüchtige Tochter eines Viehbarons in Anthony Manns wunderbarem Western THE FURIES (FARM DER BESESSENEN, 1950) oder eine der vielen reichen Rancherinnen und scharf schießenden Cowgirls spielte, keine konnte so erhaben und autoritär auf einem Pferd sitzen, als wäre ihr die Prärie untertan. Wer außer Barbara konnte schon mit vor Verachtung schmalen Augen zu dem arroganten Abenteurer Ray Milland in CALIFORNIA sagen: »Wenn ich diesen Treck überlebe – und ich schwöre bei Gott, daß ich ihn überleben werde –, sorge ich dafür, daß du von deinem hohen Roß heruntergerissen wirst und dein Gesicht im Dreck landet.« Und was macht das Rauhbein? Er schlägt ihr mit dem Handrücken quer übers Gesicht. Babs zieht ihm dafür später eins mit der Reitpeitsche über – allerdings küßt sie ihn auch.

Ihre Kollegin Joan Crawford, mehr auf einer teuren Couch als auf dem Rücken der Pferde zu Hause, wagte es nur einmal, der Welt der Postkutschenüberfälle und der rustikalen Lebensweise einen Besuch abzustatten. Zwar bekam niemand Joan Crawford dazu, mit schmuddeligen Cowboys gebackene Bohnen am Lagerfeuer zu essen, aber zu einem sehr schnittigen, schwarzen Hosenanzug und hübschen silbernen Colts konnte man sie wohl doch überreden. Der Western JOHNNY GUITAR (WENN FRAUEN HASSEN, 1953) von Nicholas Ray gilt

Pearl (Jennifer Jones), das heiße Halbblut aus dem Wilden Westen, hat zwei Männer zur Auswahl, den hübschen Gregory Peck (links) und den langweiligen Joseph Cotten in DUEL IN THE SUN *(1946).*

als »freudscher« oder gar »neurotischer« Western. Joan spielt Vienna, die Besitzerin des Saloons, in die alle Männer verliebt sind, obwohl sie ein ziemlich harter Boß ist. Vienna kann es mit jedem Mann aufnehmen, aber es ist eine Frau, die prüde, unattraktive Emma Small (Mercedes McBain), die Vienna haßt und sie mit Hilfe der von ihr aufgehetzten Einwohner aus der Stadt jagen will. Deshalb wird der Zuschauer in JOHNNY GUITAR (so heißt der seltsame Fremde, in den Joan sich verliebt) Zeuge eines seltenen Ereignisses: eines *shoot-out* zwischen zwei Frauen. Joan gewinnt.

Einen *shoot-out* zwischen zwei erregten Hitzköpfen gibt es in King Vidors erotischem Western DUEL IN THE SUN (DUELL IN DER SONNE, 1946). Pearl Chavez (Jennifer Jones), ist ein Halbblut, das hinter dem Outlaw Lewt (Gregory Peck), einem ebenso ungezähmten Cowboy, her ist, anstatt sich an seinen guten Bruder Jesse (Joseph Cotten) zu halten, der sie aufrichtig liebt. Aber Sex ist sogar stärker als die strenge Western-Moral, und so schlittern Pearl und Lewt, die eine ebenso verzehrende wie auch verbotene Haßliebe verbindet (sie

Jennifer Jones und Gregory Peck waren so sexy, daß einige Filmszenen geschnitten werden mußten.

ist die Adoptivtochter seiner Familie), in ihr Unglück. Die beiden erschießen sich gegenseitig in den Bergen und rutschen noch ein bißchen dramatisch im Staub herum, bevor sie engumschlungen sterben. Die Zensur bestand darauf, einige Szenen (eine Fast-Vergewaltigung) aus DUELL IN DER SONNE, der in der Branche auch scherzhaft »Lust in the Dust« (»Lust im Staub«) genannt wurde, zu kürzen.

Dark Mirrors – Teufel und Engel

Obwohl der *Film noir* in Amerika außerordentliche Erfolge verbuchte, war der Wunsch nach einer heilen Welt in den Kriegsjahren auch in Amerika nicht geringer als in Europa. Natürlich gab es für jedes hartgesottene *Bad girl* ein weichgekochtes *Sweetheart* und für jeden gefallenen Engel eine fehlerlose Göttin. Nicht alle waren dunkle, dominante Damen wie Crawford oder Stanwyck; da gab es auch sonnige Frohnaturen wie Betty Grable, Ginger Rogers, Claudette Colbert, Irene Dunne oder Jean Arthur in klassischen Komödien und Musicals. Doch die waren – obwohl teilweise exzellente Schauspielerinnen – eben nicht so aufregend und provozierend.

Aber die meisten *Films noirs*, in denen die *Bad girls* ihre Schlechtigkeit unzensiert austoben durften, kamen ohne ein Alter ego, die reine und gute Frau, die ihnen gegenübergestellt wurde, nicht aus. Anstatt einmal ein komplexes Porträt einer unstabilen, betrügerischen Frau zu schaffen, existieren nur einseitige Charakterisierungen – egal, ob es sich um gute oder schlechte Frauen handelt. Da Frauen im *Film noir* (eigentlich in allen Filmen) nun mal über ihre Sexualität definiert werden, kann man ganz einfach sagen: Die *Bad girls* haben Zugang zu ihrer Sexualität, die *Good girls* nicht, denn sie verkörpern oft die Ehefrau oder Verlobte, die zwar tödlich langweilig ist, aber die Mutter oder Jungfrau mit Werten und Tugenden symbolisiert. Sie bietet dem verlorenen, entfremdeten und heimatlosen *noir*-Helden eine stabile Welt mit festgelegten Rollen und Identitäten, ist passiv und gibt ihre Liebe selbstlos. Unser Held kann sich die unglaublichsten Dinge erlauben, sie hat immer Verständnis für ihn, kann verzeihen und großzügig sein – solange er nur zu ihr zurückkehrt. Um einen Kontrast zu der alptraumhaften Landschaft im *Film noir* zu schaffen, leben die *Good girls* meist außerhalb davon und repräsentieren das Pastorale, die offene Landschaft. Ganz besonders deutlich wird das in OUT OF THE PAST. Ann ist die blonde, liebe Landpomeranze, die Jeff vergöttert, an ihn glaubt und sklavisch darauf wartet, daß er sich die schillernde, sinnliche und kriminelle Kathy aus dem Kopf schlägt. Natürlich kann sie lange darauf warten, denn Anns unterwürfige Sanftheit und ihre praktischen Wollmäntel sind keine Konkurrenz für Kathys körperbetonte Kleider und ihr unberechenbares, aufreizendes Verhalten. Doch schon allein, weil er Sex der Treue vorzieht, ist der unglückselige Detektiv natürlich dem Tode geweiht.

In THE POSTMAN ALWAYS RINGS TWICE, in dem es kein *Good girl* gibt, das Coras Schlechtigkeit gegenübersteht, bediente man sich eines interessanten Tricks. Cora selbst ist eine so vielschichtige und atemberaubend multiple Persönlichkeit, daß sie mühelos von einem Extrem ins andere überwechseln kann. Mal ist sie eine Sexbombe, mal eine hart arbeitende Frau mit Ambitionen und eine hingebungsvolle Liebende, dann wieder ein kleines Mädchen, das beschützt werden will, oder ein Opfer männlicher Herrschsucht. Sie ist eine kalte, berechnende Mörderin, eine werdende Mutter und ein tragisches Unfallopfer.

Mildred Pierce hat ihre eigene Tochter Veda als Alter ego, und in DOUBLE INDEMNITY stellt die langweilige Stieftochter Lola den Gegenpol zu Phyllis Dietrichson dar, die aber immerhin so schlau ist, ihre Stiefmutter zu Fall zu bringen. Auch in MURDER, MY SWEET entlarvt eine nette Stieftochter die mörderische Stiefmutter. (Gerade in Thrillern ist die Figur der neugierigen, sympathischen und behüteten jungen Frau, die sich an einen sie abwimmelnden Detektiv hängt und ihm das Leben rettet, sehr beliebt.)

Schwestern – die eine gut, die andere böse –, wie zum Beispiel Carmen und Vivian Sternwood in THE BIG SLEEP (Howard Hawks, 1946), sind immer ein geeigneter Kunstgriff, um die gegensätzlichen weiblichen Seiten auszudrücken. In LEAVE HER TO HEAVEN ist das *Good girl* zu Gene Tierneys böser Ellen die eigene Schwester Ruth. Sie gibt sich offen, freundlich, naturverbunden, gräbt gerne im Garten und pflanzt Blumen und Gemüse. Ihre Kleidung – immer sehr wichtig – ist proper, aber uninteressant. Ellen dagegen wirkt statisch, kontrolliert, ihre elegante Garderobe in Pastellfarben ist makellos, sie erscheint völlig deplaziert in der natürlichen Umgebung.

Barbara Stanwyck spielte ein bezauberndes Zwillingspaar in der wunderbaren Komödie THE LADY EVE (DIE FALSCHSPIELERIN) von Preston Sturges. Sie hat keine Doppelrolle, sondern gibt nur vor, eine Zwillingsschwester, die gediegene britische Lady Eve Sidgewick, zu haben, um den armen Charles (Henry Fonda) für seine Arroganz zu bestrafen. Sie will ihm zeigen, daß man Frauen nicht so schnell aburteilen darf, nur weil sie ein bißchen betrügen und ein paar charakterliche »Schönheitsfehler« haben. Fonda, ein reicher, sehr ungelenker Biererbe, genannt »Hopsy«, der gerade von einer Expedition (sein Hobby sind Schlangen) vom Amazonas zurückgekommen ist, hat sich nämlich auf dem Schiff nach New York unsterblich in die Falschspielerin Jean verliebt. Sie – ebenso verliebt – spielt mit dem Gedanken, ihren betrügerischen Job an den Nagel zu hängen. Aber Hopsy findet ihre Identität heraus, noch bevor sie ihm ihre dunkle Vergangenheit beichten kann, und rauscht sofort zu seiner Familie nach Connecticut. Jean, verletzt und wütend, erfindet die feine Dame (eine illegitime Zwillingsschwester) und verführt den armen Hopsy, der sie heiratet, weil er die Zwillingsschwester für rein und standesgemäß hält. Die aber erzählt ihm in der Hochzeitsnacht von ihren vielen Liebesaffären und beweist so, daß nicht alles Gold ist, was glänzt. Hopsy erhält eine Lektion in Sachen Frauen: »The good ones aren't always as good as you think they are, and the bad ones aren't nearly as bad.« (»Die Guten sind nicht immer so gut, wie du denkst, und die Schlechten sind nicht annähernd so schlecht.«) Hopsy ist das auch klargeworden, und er verspürt große Sehnsucht nach Jean. Also verwandelt sich Lady Eve wieder in Jean. Hopsy glaubt natürlich, er begehe jetzt Ehebruch, und stammelt nur: »Aber ich bin verheiratet.« Sie entgegnet bloß: »Aber ich doch auch.«

Alfred Hitchcock hat die Frau in ihrer »natürlichen« Doppelrolle als gutes/böses Wesen mit der Figur von Judy/Madeline in VERTIGO (AUS DEM REICH DER TOTEN, 1958) dargestellt. James Stewart ist Scottie, ein Ex-Polizist aus San Francisco, der wegen Höhenangst vorzeitig pensioniert wurde und als Privatdetektiv für einen besorgten Ehemann dessen selbstmordverdächtige Gattin beobachtet. Scottie folgt der träumerisch in der Gegend wandelnden, blonden Madeline (Kim Novak), bis sie eines Tages unvermittelt ins Wasser springt. Er rettet sie, bringt sie zu sich nach Hause und verliebt sich bald in ihre geheimnisvolle Traurigkeit. Aber das Glück ist von kurzer Dauer, denn bei dem Besuch einer spanischen Kirche klettert sie zum Glockenturm hinauf, um kurz darauf an dem wie gelähmten Scottie vorbei nach unten zu segeln. Sie ist tot, und Scottie bekommt einen Nervenzusammenbruch. Etwas später – er ist gerade dabei, sich zu erholen – begegnet er auf der Straße einem einfachen, dunkelhaarigen Mädchen namens Judy, das eine frappierende Ähnlichkeit mit der toten Madeline hat. Schon nach kurzer Zeit ist er mit ihr befreundet und versucht, sie nach und nach in seine verlorene Liebe zu verwandeln. Es stellt sich heraus, daß sie tatsächlich ein und dieselbe Person ist und von dem Ehemann – Scotties ehemaligem Auftraggeber, der seine Frau ermordet hat – angeheuert wurde, Madeline zu spielen. Scottie zwingt Judy, mit ihm noch einmal zu der Kirche zu gehen, um ihm zu zeigen, wie er ausgetrickst worden ist. Sie muß die Treppen hinaufsteigen – und er kommt hinterher (seine Höhenangst ist plötzlich überwunden). Beide stehen im Glockenturm, und Judy gesteht ihm ihre Liebe, als sie plötzlich unten eine schwarze Gestalt sieht (es ist eine Nonne), erschrickt, stolpert und in die Tiefe fällt. Diesmal ist sie wirklich tot. Scottie bekommt weder die gute Madeline noch die böse Judy, obwohl er so hart daran gearbeitet hat, eine Frau nach seinem verstorbenen Wunschbild zu formen, ohne zu ahnen, daß das Wunschbild bereits eine Illusion war.

Nichts ist besser geeignet (und unfreiwillig komischer), das Täuschende an den Frauen zu entlarven, als der damals noch als aufregend geltende Psychotrick mit den eineiigen Zwillin-

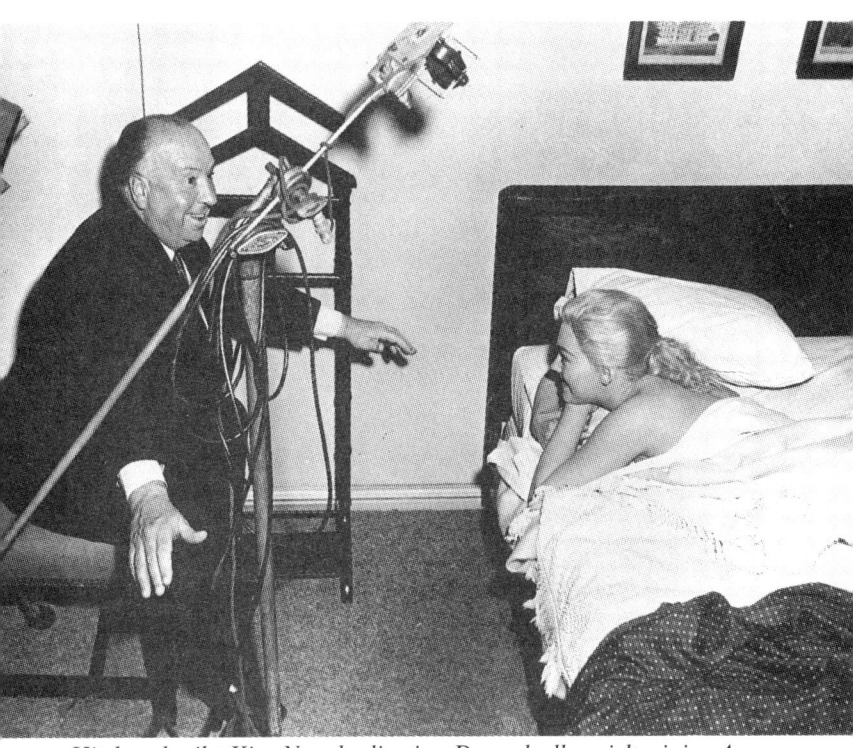

Hitchcock gibt Kim Novak, die eine Doppelrolle spielt, einige Anweisungen für seinen Klassiker VERTIGO (1958).

gen. Da berühmte Stars selten Zwillingsschwestern haben, mußte man natürlich mit einem einzigen in einer Doppelrolle vorliebnehmen. 1946 kamen gleich zwei Zwillingsdramen heraus, in denen zwei der besten Schauspielerinnen Hollywoods im Trickverfahren agierten: THE DARK MIRROR (DER SCHWARZE SPIEGEL) mit Olivia de Havilland und A STOLEN LIFE (DIE GROSSE LÜGE) mit Bette Davis. Bei der Zwillingsdarstellung von Bette Davis verhält es sich genau umgekehrt wie bei der von Olivia de Havilland. Bettes Part als feinfühlige, kameradschaftliche Frau mit Klasse aus einer traditionellen Bostoner Familie, die sich ein bißchen künstlerisch versucht, wirkt sehr viel artfremder als die Rolle ihrer impertinenten, egoistischen Schwester. Für viele Schauspielerinnen

THE DARK MIRROR

ist die Darstellung von Zwillingen eine willkommene Herausforderung, denn sie können auf diese Weise gleichzeitig
ihr Talent in liebenswerten und guten wie auch in dämoni-
schen und unsympathischen Rollen zeigen. (Bette spielte als

60jährige noch einmal Zwillingsschwestern in DEAD RINGER [Paul Henreid, 1964], aber darin bereits als Karikatur.) Olivia de Havilland, eine von Hollywoods besten, fleißigsten und anständigsten Schauspielerinnen (und die Schwester ihrer Rivalin Joan Fontaine aus dem Film REBECCA [Alfred Hitchcock, 1940], die darin gegen ein totes *Bad girl* anspielen mußte) und Besitzerin zahlreicher Oscars, mußte größte Anstrengungen unternehmen, um als mörderischer Zwilling zu überzeugen. Olivia haßte ihre Rolle als böse Terry, da sie sich erfolgreich auf feine, wertvolle Frauen spezialisiert hatte. Man merkt es ihr in diesem Film an.

Die Charakterisierung der Schwestern ist in beiden Filmen identisch: Die bösen Schwestern sind sexuell aggressiv, rauchen (!) viel, sind besser und aufreizender angezogen und haben lautere und schärfere Stimmen. Sie dominieren ihre »guten« Schwestern und nehmen ihnen rücksichtslos alles weg, was ihren augenblicklichen Appetit anregt, Männer, Jobs, Freunde, ohne daß irgendwelche Widerworte von der »besseren« Hälfte kommen. Bette als die Böse ist erstaunlicherweise keine Mörderin in dem Film, vielmehr ertrinkt sie bei einem Unfall, und die gute Schwester nimmt ihre Identität an, um dem geliebten Mann nahe zu sein (ausgerechnet Glenn Ford, der den Unterschied natürlich nicht merkt), den die böse Schwester ihr weggenommen und geheiratet hat. Zwar kann Bette allein mit ihrer Stimme, ihrem Mund und ihren Augen mehr Verwerflichkeit ausdrücken als Olivia mit einer Salve aus einem Maschinengewehr, aber dennoch ist THE DARK MIRROR der interessantere, weil »psychologischere« Film, eine Spezialität der vierziger Jahre. (Olivia de Havilland spielte auch eine gestörte Frau in dem Film THE SNAKEPIT ([DIE SCHLANGENGRUBE, 1948] von Anatole Litvak, in dem sie nicht schlecht, sondern nur krank sein mußte.) Hollywood und Psychologie ist natürlich eine Sache für sich. Am besten war Ingrid Bergman als liebeskranke Psychiaterin in Hitchcocks SPELLBOUND (ICH KÄMPFE UM DICH, 1945), in dem sie Gregory Peck von seinem Schuldkomplex befreit und den wirklichen Mörder zum Geständnis zwingt (übrigens malte

Salvador Dalí die Traumsequenzen). Aber THE DARK MIR-
ROR ist äußerst effektvoll, denn psychische Krankheiten passen sehr gut zum *Film noir,* weil Psychopathen Terror ver-
breiten, der wiederum eine Welt aus Schatten und Paranoia
für andere kreiert, in diesem Fall für die sowieso verängstigte
»gute« Schwester Ruth.

Ein Mann wurde ermordet, und Terry Collins, eine selbstbewußt wirkende Frau, wird verdächtigt. Es kommt heraus, daß
sie eine Zwillingsschwester hat, was die Sache erst spannend
macht. Wer könnte die Mörderin sein? Ruth ist der sympa-
thische, zurückhaltende Zwilling, ängstlich, neurotisch, ohne
einen Funken von Selbstbewußtsein, der völlig unter Terrys
Pantoffel steht. Die dominante Terry ist eine gefährliche *Femme
fatale,* die Spaß daran hat, andere Leute an der Nase herumzu-
führen (das haben schon Erich Kästners freche Zwillinge in
DAS DOPPELTE LOTTCHEN gemacht) und so zu tun, als gäbe es
nur eine von ihnen. Ein wirklich cleverer Trick, denn so hat
Terry Zugang zu beiden Teilen ihrer, wie sich herausstellt, schi-
zophrenen Persönlichkeit. Gleichzeitig kontrolliert sie Ruth
und zwingt sie, diese Spiele mitzumachen, damit diese nicht aus
der krankhaften Schwesternsymbiose ausbrechen kann.

Ein netter Doktor, zufällig ein Zwillingsexperte, soll daraufhin eine »psychologische« Untersuchung mit den beiden
durchführen. Er fühlt sich erst mal zu beiden hingezogen, hat
aber Zweifel, ob er sie wirklich auseinanderhalten kann (sie
sind am Anfang gleich angezogen). Er ist nämlich alt genug,
um zu wissen, daß Frauen mehr als nur eine Persönlichkeit
besitzen und Meisterinnen der Täuschung sind. Ruth ist Terry
hörig, tut alles, was sie will, glaubt ihr alles. Terry prophezeit
ihrer Schwester: »We'll never be separated. You and I are
going to be together as long as we live.« (Wir werden nie ge-
trennt sein. Du und ich werden zusammensein, solange wir leben.«) Das ist aber keine Zuneigung, die aus Terry spricht,
sondern der blanke Haß. Schon als Kind wurde die liebe Ruth
bevorzugt, mehr geliebt und von Männern umschwärmt.
Während eines Tests, einer Wortassoziation, ist Ruths Ant-
wort auf das Wort »Spiegel« »Tod«. Die Reflexion ihres

Doppelt hält besser. Wer von diesen sauber frisierten Zwillingen ist nun die Mörderin? Olivia de Havilland versuchte sich in einer Doppelrolle in Robert Siodmaks THE DARK MIRROR (1946).

Ebenbildes, also Terry, bedeutet Tod. Das weiß der schlaue Doktor natürlich richtig einzuordnen und hat so seinen Verdacht, wer die Mörderin sein könnte (die, die raucht, Herr Doktor!). Terry gerät daraufhin in Panik, denn sie ist tatsächlich eine psychopathische Killerin. Sie plant, die ungeliebte Schwester, die ewige Rivalin, verrückt zu machen, sie zum Selbstmord zu treiben und dann ihren Platz einzunehmen. Der Terror, der Kampf zwischen Gut und Böse, die Intimität, die homoerotischen Elemente und das Unentfliehbare des Zwillingsschicksals, all das wird bezeichnenderweise hauptsächlich im gemeinsamen (!) Schlafzimmer der beiden Schwestern ausgetragen, in dem ein aufklappbarer Spiegel steht. Eine wunderbare Klimax. Terry, die glaubt, daß die arme Ruth endlich eine Überdosis Schlaftabletten genommen hat, blickt gerade triumphierend in den Spiegel, als sie Ruth hinter sich aus dem Zimmer kommen hört. Sie zerschmeißt den Spiegel vor Wut, in dem sich ihr eigenes und Ruths Bild reflektiert, und weiß nicht mehr, wer wer ist. Etwas vordergründig, aber sehr wirkungsvoll.

Spiegel, die in Schießorgien oder Anfällen von Selbsthaß, wie in diesem Fall, zersplittert werden, spielen im *Film noir* eine besondere Rolle. Im Spiegelbild wird die andere, die dunkle Realität, das Verborgene, das Alter ego, der Doppelgänger reflektiert. Es zeigt auch die Duplizität der Frau – und den Narzißmus der *Bad girls*. Auffallend ist, wie häufig sich diese eitlen Beauties ungeniert im Spiegel betrachten, um sich zu kämmen, die Lippen nachzumalen oder sich nur selbstverliebte Blicke zuzuwerfen. Sie setzen diese Demonstration des ungeteilten Interesses an sich selbst besonders gern ein, wenn ein Mann gerade versucht, ihre Aufmerksamkeit zu erregen. So können sie sich am eigenen Spiegelbild und an seinen Blicken erfreuen und ihn trotzdem zu einem Voyeur und einer Nebenfigur reduzieren.

Die *Good bad girls* – in Wirklichkeit ganz liebe Mädels

Nun bedurfte es im Hollywood-Film keineswegs der Vernichtung von unwerten Ehemännern und des schamlosen Einsetzens von Sex, um als *Bad girl* zu gelten. Eine eigene Meinung zu haben, unabhängig zu sein und eine Karriere anzustreben, waren genug Gründe, um eine Gefahr für die Gesellschaft darzustellen. Trotzdem war das Interesse an starken, zumindest unabhängig wirkenden Frauen besonders in den Kriegs- und frühen Nachkriegsjahren gewachsen – und Hollywood und Filmfans hatten Glück. Es herrschte die goldene Ära von selbstbewußten, schlagfertigen und intelligenten Stars, die man unmöglich in die Rollen der widerspruchslosen Gattin und Mutter, die hinter ihrem Mann verschwindet, pressen konnte. Sie verkörperten die *Good bad girls,* die das Geld nicht klauten, sondern verdienten und die ihre Männer nicht vernichteten, sondern unterstützen (und manchmal auch ärgern) wollten. Außer den immer wieder erwähnten »emanzipierten Drei« (Crawford, Davis und Stanwyck), waren es besonders Katharine Hepburn, Lauren Bacall, Rosalind Russell, Myrna Loy, Irene Dunne, Veronica Lake, Ida Lupino und Carole Lombard, die einen neuen Frauentyp repräsentierten – nicht zu vergessen Marlene Dietrich, das beste *Good bad girl,* das je die Leinwand zierte.

»Kate« Hepburn, eine unglaublich begabte, zielstrebige und dickköpfige Schauspielerin aus gutem Hause, verwirrte die Hollywood-Herren mit ihrer Bildung und der Besessenheit, sich emanzipierte Rollen auszusuchen. Sie weigerte sich, daß man ihre spröde Ostküsten-Persönlichkeit glattfeilte. Ihr biegsamer Körper, das stolze Gesicht und der selbstbewußte schauspielerische Stil machten sie zum personifizierten »sophisticated« Dickschädel, dem die Welt offenstand. Ob als *Society girl*, wie in PHILADELPHIA STORY (DIE NACHT VOR DER HOCHZEIT, George Cukor, 1940) und STAGE DOOR (BÜH-

119

»Koch' dir selber etwas, Darling«, sagt Katharine Hepburn zu Spencer Tracy, der lieber die Zeitung liest. Kate hat Kochen nicht nötig, denn sie ist WOMAN OF THE YEAR *(1942).*

NENEINGANG, Gregory La Cava, 1937), als verrückte Erbin und Außenseiterin wie in BRINGING UP BABY (LEOPARDEN KÜSST MAN NICHT, Howard Hawks, 1938) und HOLIDAY (George Cukor, 1938), als kämpferische Karrierefrau wie in WOMAN OF THE YEAR (DIE FRAU, VON DER MAN SPRICHT, George Stevens, 1942) und ADAM'S RIB (EHEKRIEG, George Cukor, 1949) oder selbst als krustige alte Jungfer wie in THE AFRICAN QUEEN (John Huston, 1951), Kate war und blieb bis ins hohe Alter immer ein Original, unschlagbar und unabhängig. Als einer der wenigen großen Stars gelang es ihr, ebenso wie Barbara Stanwyck, albernen Oma-Rollen aus dem Wege zu gehen. Angetan mit ihren geliebten Männerhosen, die Lippen feuerrot geschminkt, gab sie noch mit über 80 in ihrer leicht patzigen Art ihre liberalen Ansichten zum besten.

Nicht so legendär wie Hepburn, aber genauso in der Tradition der ambitionierten berufstätigen Frau, die die Männer mit ihrer scharfen Zunge und einem unerschöpflichen Repertoire von witzigen Kommentaren in die Schranken weist, war die brillante Rosalind Russell (HIS GIRL FRIDAY [SEIN MÄDCHEN FÜR BESONDERE FÄLLE, 1940], THE WOMEN [FRAUEN]). Auch Veronica Lake, der Winzling mit der blonden Markenzeichen-Mähne, spielte supercoole, treffsicher konternde Frauen, die sich nicht in ihre Angelegenheiten reinreden ließen (wie in Preston Sturges' SULLIVAN'S TRAVELS [SULLIVANS REISEN, 1942]). Besonders als Partnerin von Alan Ladd (sie wurden ein unzertrennliches Filmpaar, weil sie beide klein waren) in den *noir*-Thrillern THE BLUE DAHLIA, (1946) THE GLASS KEY (DER GLÄSERNE SCHLÜSSEL, 1942) und THIS GUN FOR HIRE (1942), glänzte Victoria als *Good bad girl* mit frecher Klappe.

Nur eine Sache konnten die emanzipierten *Good bad girls* in Hollywood nicht ändern: Das Ende des Films, das *happy* und traditionell zu sein hatte. Da war nichts zu machen: Egal, wer sich da austobte, kesse Sprüche losließ, den Ehemann verließ, Karriere machte, Preise gewann und tausendmal intelligenter, begabter und mutiger war als jeder Mann, die »unfemininen« Spielereien dieser Frauen mußten unterbunden, ja sogar manchmal bestraft werden. Und das geschah immer durch eine Mischung aus Einsicht und Liebe, die die Heldin zum Schluß gerade noch rechtzeitig überkam, um ihre verwegenen Lebensziele denen des Mannes anzupassen. Besonders unangenehm fällt das in dem immer noch recht aktuellen Film mit Katharine Hepburn und Spencer Tracy WOMAN OF THE YEAR auf. Kate spielt eine schöne, superkluge und arrogante Kolumnistin, die sich zwar »emanzipatorischen« Zielen verschrieben hat, sich aber trotzdem Hals über Kopf in den chauvinistischen Sportreporter Spencer Tracy verliebt. Die beiden heiraten, und Kate denkt gar nicht daran, ihren bisherigen Lebensstil aufzugeben. Spencer möchte aber keine vielbeschäftigte Karrierefrau, die mehrere Sprachen spricht, Preise erhält und tatsächlich nicht kochen kann, sondern eine liebende Ehefrau, die für frische Socken sorgt. Sie bleibt störrisch, er verläßt sie. Schließlich wird ihr klar, daß man auf diese Art keinen Mann halten kann – und sie verspricht Besserung auf ganzer Linie, wenn er sie nur zurücknehme.

Dasselbe Prinzip des Sichfügens galt natürlich auch für Lauren Bacall, eine frisch entdeckte, 19jährige Sensation, die neben Humphrey Bogart als vorlaute Abenteurerin in Howard Hawks TO HAVE AND HAVE NOT (HABEN UND NICHTHABEN, 1944) auffiel. In der Rolle der Slim wirkt sie zugleich unerschrocken, sexy und süß. Sie verführt den zuerst kühl agierenden Bogey mühelos mit ihren Scherzen (auch privat), die mit rauchiger Stimme vorgetragen wurden. Nach einem sehr erotischen Wortgeplänkel verläßt sie sein Hotelzimmer mit der Aufforderung, daß er nur zu pfeifen brauche, wenn irgend etwas sei. An der Tür dreht sie sich um, schaut ihn mit ihren schmalen Augen amüsiert an und meint: »You know how to whistle, don't you? You just put your lips together – and blow!« (»Du weißt doch, wie man pfeift, oder? Du spitzt einfach die Lippen – und bläst!«) THE BIG SLEEP, ebenfalls mit Bogart, war ein weiterer Klassiker, in dem sie als nicht ganz ehrliches, reiches und verwöhntes *Good bad girl* den Privatdetektiv Marlowe erst auf die falsche Fährte lockt, ihn dann um den Finger wickelt und mit kleinen erotischen Zweideutigkeiten bei Laune hält. Bacall agierte ganz in der Tradition des *Film noir,* mit sparsamen Gesten und wenig Mimik, die aus dem Hochziehen einer Augenbraue und ihrem unverwechselbaren Grinsen bestand. Das waren aber die einzigen Filme, in denen sie als unabhängiges *Good bad girl* mit Biß auftrat. Sie machte noch zwei *Noir*-Thriller mit ihrem Ehemann Bogey, KEY LARGO (HAFEN DES LASTERS, John Huston, 1948) und DARK PASSAGE (DIE SCHWARZE NATTER/DAS UNBEKANN-

Ein bißchen unbequem für Philip Marlowe (Humphrey Bogart), aber Vivian (Lauren Bacall) ist unter dem Bad girl-*Getue ein echter Kamerad.*

TE GESICHT, Delmer Daves, 1947). In beiden war sie bereits auf den klassischen Frauentyp reduziert, der bis heute dominiert: die Helferin des Helden, die gute Seele, die Steine aus dem Weg räumt, für ihn lügt, ihn bekocht und an ihn glaubt, egal ob er es wert ist oder nicht. In KEY LARGO agiert sie

Wie er wohl darunter aussieht? Nichts geht über ein romantisches Diner mit einem fremden Mann in Bandagen. Lauren Bacall hat Glück: Es ist Humphrey Bogart als entflohener Sträfling in DARK PASSAGE *(1947).*

ziemlich zurückhaltend als noble Witwe eines Kriegshelden, die sich in Bogey verliebt, ansonsten ihre Zeit aber damit verbringt, hilfreich und patriotisch zu sein. Viel spannender in dem Film wirkt Claire Trevor, das sonst immer überzeugende *Bad girl* alter Schule (MURDER, MY SWEET), die hier eine verblühte Alkoholikerin spielt und sich von Gangster Edward G. Robinson erniedrigen lassen muß, um einen kleinen Whiskey aus ihm herauszubetteln. Der Film gibt bereits einen Vorgeschmack auf die zukünftige Filmideologie: Wenn Frauen wirklich aus dem Rahmen fallen, dann nur, indem sie sich lächerlich machen oder unmöglich und asozial benehmen – emotional kaputt und krankhaft gestört.

DARK PASSAGE betont ebenfalls das Gute und Tapfere in Lauren. Sie spielt eine begüterte Modezeichnerin, der Bogey mit einem in Mullbinden eingewickelten Gesicht unterm Hut ins stilvolle Art-déco-Apartment schneit. Er ist nämlich aus dem Gefängnis geflohen, wo er als angeblicher Mörder seiner Frau gesessen hat. Unterwegs hat er sich eben von einem Plastikchirurgen das Gesicht etwas umarrangieren lassen. Lauren gefällt, was darunter zum Vorschein kommt, sie darf nämlich – eine sehr symbolische Handlung –, nachdem sie ihn tagelang umsorgt hat, seinen Verband aufschneiden und ihn praktisch wie ein Geschenk auswickeln. Natürlich ist er nicht der Mörder, denn so was spürt eine Frau. Um nicht ganz aus dem Konzept der *Films noirs* zu fallen, versuchte man, wenigstens

Lauren Bacall (rechts) wird von Agnes Moorehead mit bohrenden Fragen bedrängt. Wo ist der vermummte Mann?

etwas feminine Verderbtheit hineinzubringen und machte eine krankhaft eifersüchtige Frau, die wunderbare Agnes Moorehead (THE MAGNIFICENT AMBERSONS), die leider viel zuwenig *Bad girls* spielen durfte, zu der wirklichen Mörderin.

Man sieht an diesen Beispielen, daß niemand, nicht einmal die originellsten, pfiffigsten und unangepaßtesten Stars, den verheerenden Folgen der Prüderie während der fünfziger Jahre total entfliehen konnten. Auch Frau Bacall-Bogart wechselte ins Fach der sympathischen, durchaus intelligenten, berufstätigen, modernen Frau dieser Zeit. In nur zehn Jahren – inzwischen gerade mal 29 Jahre alt – hatte sie sich zusammen mit den Filmen derart verändert, daß sie neben Marilyn Monroe in der Komödie HOW TO MARRY A MILLIONAIRE (WIE ANGELT MAN SICH EINEN MILLIONÄR, 1953) wie eine kleinbürgerliche Matrone wirkte, durchschnittlich und wenig sexy. Es folgte eine Reihe von Komödien, oft in der Mode- und Werbebranche angesiedelt, in denen sie ihre tiefe Stimme und die katzenhaften Augen einsetzen konnte, aber nichts reichte auch nur annähernd an ihren Witz und Charme in THE BIG SLEEP heran. Heute ein New Yorker Original, bewundert und gefürchtet (wegen ihrer spitzen Zunge), erscheint ihre Persönlichkeit außerhalb von Filmen interessanter und kämpferischer als in jeder Filmrolle seit den vierziger Jahren.

Alfred Hitchcock, der Altmeister der Spannung und Zweideutigkeit, hat es – wie kaum ein anderer Regisseur – auf subtilste Weise verstanden, seine Ambivalenz Frauen gegenüber mit einigen der spannendsten *Good bad girls*-Porträts auszudrücken. Er wählte seine Darstellerinnen besonders geschickt aus: nach außen hin eher propere Blondinen, so wie Grace Kelly und später Tippi Hedren, oder eine natürliche Schönheit wie Ingrid Bergman, aber hinter einer kühlen Fassade heiß und sinnlich. Wie hart es für ein ehemaliges *Bad girl* sein kann, zu beweisen, daß es sich gebessert hat, zeigt NOTORIOUS (BERÜCHTIGT, 1946), einer der besten Filme von Hitchcock in der Tradition des *Film noir* mit Ingrid Bergman und Cary Grant als Liebende im Spannungsfeld zwischen Mißtrauen,

126

Einmal schlecht, immer schlecht. Cary Grant traut der sonst eher ed-
len Ingrid Bergman in Hitchcocks NOTORIOUS (1946) nicht über den
Weg. Kein Wunder, denn sie hat einen Nazi-Vater.

Patriotismus und Leidenschaft. Ingrid Bergman war nie auf-
regender und verführerischer als in der Rolle von Alicia Huberman, einem internationalen Playgirl und Tochter eines
Nazi-Spions. Sie trinkt zuviel und tanzt die Nächte durch, sie
flirtet, verdreht den Männern den Kopf, bis ihr der Agent
Devlin (Cary Grant) begegnet, der auf sie angesetzt ist. Devlin hat die allerniedrigste Meinung von Frauen und plaziert
Alicia gleich in die Kategorie »wertlose Schlampe ohne Moral«, ein Urteil, gegen das Alicia sich nicht wehrt, denn sie hat
die denkbar schlechteste Meinung von sich selbst. Sie liebt
ihn sofort und er sie auch, aber gegen seinen Willen. Um zu

beweisen, daß sie besser als ihr Ruf ist und dem Vaterland nützlich sein kann, wird sie auf Claude Rains, den gediegen wirkenden Boß eines Spionagenetzes, angesetzt, der sich in sie verliebt und sie heiraten will. Devlin, rasend vor Eifersucht, benimmt sich wie ein Schwein und wirft ihr vor, eine Prostituierte für die Regierung zu sein. Tief getroffen und um zu beweisen, daß sie ein *Good girl* ist, heiratet sie den von seiner Mutter dominierten Gentleman Rains. Mutter und Sohn kriegen heraus, wer Alicia ist, und beginnen, sie langsam zu vergiften. Devlin merkt endlich nach einer Zeit, daß Alicias Kopfschmerzen nichts mit einem Kater zu tun haben, und befreit die Sterbende aus dem Haus. Und die Moral von der Geschichte ist, daß ein ehemaliges *Bad girl* sich erst vergiften lassen muß, um den Mann, den sie liebt, von ihrem guten Charakter zu überzeugen.

Hitchcock stellt seine Frauen häufig erst als potentiell betrügerische *Femmes fatales* mit zweifelhaften Motiven vor, die dann aber durch eine Lektion in Sachen Liebe geheilt und unter die Haube geschubst werden. Doch zuvor müssen sie leiden (Hitchcock war auch ein Meister des Sadismus). Tippi Hedren als die Kleptomanin Marnie muß sich von Sean Connery erniedrigen lassen und wird in THE BIRDS (DIE VÖGEL, 1963) von Hunderten von Seemöwen attackiert. Hitchcocks ziemlich hinterhältig erscheinende Ladies sind oft Werkzeuge in den Händen der Regierung oder unterstehen irgendeiner Autorität, so wie Alicia oder Eve Kendall (Eva Marie Saint) in NORTH BY NORTHWEST (DER UNSICHTBARE DRITTE, 1959). Die supersinnliche Blondine, mit dem Revolver ebenso geschickt wie mit dem Lippenstift, verführt den mehr als willigen Cary Grant im engen Zugabteil – alles im Namen des Gesetzes. Auch sie ist eine Agentin, die sich verliebt und ihren guten Charakter verbirgt, um nicht die höhere Ordnung, die des Patriarchats und des Gesetzes, zu untergraben und zu gefährden. Sie muß, genauso wie Alicia Huberman, das Mißtrauen und die Erniedrigungen des geliebten Mannes so lange ertragen, bis das Verbrechen aufgeklärt ist und die wahre, gute, weibliche Seite herauskommen darf. Auf diese Weise zeigt Hitchcock immer wieder die Dualität der Frau und ihren inneren Kampf zwischen Gut und Böse. Eine solche Auseinandersetzung haben Männer im Film nur selten. Sie sind geradlinig und authentisch, auch wenn sie manchmal an das Gute herangeführt werden müssen. Es wird nie erwartet, daß sie sich dabei unterwerfen und etwas aufgeben.

Grace Kelly, die kühle Blonde aus Philadelphia, entpuppt sich als gutes Bad girl *in Alfred Hitchcocks* REAR WINDOW *(1953).*

Alleinstehende Frauen sind im Film immer suspekt und müssen im Laufe der Handlung von ihrer Unabhängigkeit, oder was auch immer der Grund für ihr Single-Dasein ist, kuriert werden. Und das wollen Hitchcocks Heldinnen gern. *Bad girls* setzen Sex ein, um einen Mann loszuwerden, die liebeshungrigen *Good bad girls* benutzen Sex, um ihrem ausgewählten Opfer ein Eheversprechen abzuluchsen. Grace Kelly ist ein perfektes Beispiel für diese Sorte Frau mit dem berechnenden Charme: verwöhnt, elegant, versnobt und immer reich. In Hitchcocks TO CATCH A THIEF (ÜBER DEN DÄCHERN VON NIZZA, 1954) spielt sie ein gelangweiltes *Society girl*, das auf damenhaft aufreizende Art den angeblichen Juwelendieb Cary Grant umwirbt und sich ihm während eines Feuerwerks zusammen mit ihrem Diamantcollier anbietet. »This is a fake« (»Das ist eine Fälschung«), weist Cary sie ab und blickt skeptisch auf das Collier. »But I'm not« (»Aber ich bin keine«), kontert sie – und er ist im Netz. Und in REAR WINDOW (DAS FENSTER ZUM HOF, 1953) drängt sie sich dem hilflos an den Rollstuhl gefesselten James Stewart auf, indem sie ihn umsorgt, mit durchsichtigen Negligés und anderen Verführungsversuchen quält, sich eben unentbehrlich macht und ihn schließlich dazu bringt, ihr die Ehe zu versprechen.

Es gibt einen Star, der jeden Rahmen sprengt, weil er eine Klasse für sich ist. Sie ist ein *Bad good girl*, ein *Good bad girl*, manchmal ganz *bad*, selten nur *good*: Marlene Dietrich. Sie hat natürlich nichts gemein mit den harten, eisigen, kalkulierenden amerikanischen *Bad girls*, die im Vergleich zu ihr ordinäre, billige Weiber ohne jeden Stil sind. Sie verkörpert eine weichere, vielschichtigere, vielleicht europäisierte Version, die zwar lockt, verwirrt, verführt, verletzt, aber meistens nicht tötet. Marlenes *Bad girls* wollen kein Geld, sondern Respekt, Liebe, manchmal auch Macht. Sie brauchen keine Pistolen, ihre Waffen sind Schönheit und Sexualität, und die allein machen sie zur ewigen Täterin. Wirklich niederträchtig und reuelos war Marlene nur am Anfang ihrer Karriere als Lola Lola in DER BLAUE ENGEL (1930), danach verwandelte sie sich langsam in ein elegantes, weltgewandtes, erotisches Dauer-*Bad girl* mit Klasse. Sie hatte auch mit *Film noir* nichts zu tun, und die einzigen Schatten, die in ihren Filmen vorkamen, waren nicht die der düsteren Großstadt bei Nacht, sondern die im Paramount-Studio künstlich erschaffenen, die ausschließlich dazu da waren, ihre sagenhaften Wangenknochen unvergeßlich auszuleuchten. Egal, wen Marlene spielte, sie ist die kosmopolitische *Femme fatale*, die Inkarnation geheimnisvoller Weiblichkeit, zeitlos und jenseits von sozialen und gesellschaftlichen Einflüssen oder Gesetzen. Eine Staatenlose, ohne Zuhause und ohne Ziel. Die mysteriöse Abenteurerin, die sich aus dem Nichts materialisiert und wie ein Traum an den exotischsten und abwegigsten Plätzen auftaucht. Ihr Auftritt verursacht Unruhe, Aufruhr und Skandale. Frauen hassen sie, Männer umschwirren sie. Niemand weiß, woher sie kommt, was sie macht. Jeder kann nur an ihrem wissenden Lächeln und ihrem spielerischen Zynismus ablesen, daß sie eine Frau mit »Vergangenheit« ist, in der mehr als ein Mann vorkommt. Als Shanghai Lily in von Sternbergs SHANGHAI EXPRESS (1932) erklärt sie sich so: »It took more than one man to change my name to ›Shanghai Lily‹.« (»Es brauchte mehr als nur einen Mann, um meinen Namen in ›Shanghai Lily‹ zu ändern.«) Es spielt keine Rolle, warum Amy Jolly in der Wüste gelandet ist, so wie in von Sternbergs MOROCCO (1930). Wenn sie im Casino vor den Legionären mit ihrer dunklen, zärtlichen Stimme singt und den verlegen lächelnden Gary Cooper so erotisch mit ihren Schlafzimmeraugen fixiert, ist der Sinn eines Dietrich-Films erfüllt. Es gibt immer nur einen Plot in Marlenes Filmen: ihre erotischen Eskapaden. Männer verfallen ihr, und nur sie allein entscheidet, was mit den armen Opfern geschieht. Meistens quält sie die Männer nur mit ihrer Unerreichbarkeit, aber wenn sie jemanden liebt, läßt sie ihre Freiheit schon mal sausen, wie in MOROCCO oder in DESIRE (PERLEN ZUM GLÜCK, 1936), wo sie eine einfallsreiche Juwelendiebin spielt. Ganz zu schweigen von Ernst Lubitschs ANGEL (ENGEL, 1937) und von Sternbergs BLONDE VENUS (1932), in denen sie Ehefrauen mimt, die vom rechten Wege abgekommen sind. Aber selbst wenn ihretwegen Männer zu Tode kommen, so wie in Sternbergs SCARLET EMPRESS (DIE SCHARLACHROTE KAISERIN, 1934), muß sie sich nicht selbst die Hände schmutzig machen. Marlene ist die *Femme fatale*, die Tod verursachen mag, aber nicht selbst tötet (außer in Hitchcocks Krimi STAGEFRIGHT [DIE ROTE LOLA, 1950]).

Marlene Dietrich ist sicherlich die absolute Modekönigin der Leinwand und die schillerndste aller guten und bösen Frauen. Ihre extravagante Garderobe stellte einen wichtigen Teil ihres Images dar und unterstrich nicht nur ihre Beine, sondern immer auch das Erotische und Geheimnisvolle. Sie erhob das Tragen von Schleiern zu einer Kunstform. Kein anderer Star wurde so oft in schwarze Schleier und Netze gewickelt und mit durchsichtigen Stoffen drapiert wie Marlene. Selbst als deutsche Volkslieder singende Mutter in BLONDE VENUS strahlte sie, mit Schürze und weißer Bluse angetan, unnachahmliche Extravaganz aus. Marlene war ein Star, der seine Filmpartner unsichtbar machte. Bis auf Cary Cooper, James Stewart und John Wayne wurden ihr deshalb nur britische Langweiler wie Clive Brooks, Herbert Marshall, Melvyn Douglas und Brian Aherne als Partner zur Seite gestellt, die hölzern am Rande der Handlung dahindämmerten und Marlenes Dominanz und ikonenhafte Ausstrahlung nur unterstrichen.

Marlenes Erscheinung und ihr schauspielerischer Stil haben für immer den Standard für nicht ganz schlechte *Bad girls,* die schuldlos Unheil anrichten, gesetzt. Sie hat amüsierte, schwerlidrige Augen, die verlocken und verheißen, gleichzeitig aber auch ausgrenzen und ironisieren. Sie nimmt sich, was sie will, beziehungsweise wartet, denn der Mann – einmal in ihrem Bann – kommt von ganz alleine. Stanwyck, Davis und Crawford sind hypnotisch, Marlene besitzt fließende Sinnlichkeit, sie ist lasziv und passiv. Ihr fehlt das Obsessive und Aggressive. Sie packt nicht zu. »Ich kann es auch seinlassen«, sagen ihre Augen, aber das kleine mokante und so typische Lächeln sagt: »Du entkommst mir nicht.« Bette Davis mit ihren großen Augen (Marlene nannte sie »Die mit den Glubsch-

Sie kam, sie sang, sie siegte. Nur ein Blick aus ihren Schlafzimmeraugen – und alle Männer gingen in die Knie. Marlene Dietrich war das kosmopolitische Bad girl *mit der extravagantesten Garderobe der Welt.*

augen«) und Joan mit ihren ebenso großen, wenn auch etwas weniger vorstehenden Augen konnten derangierte Psychopathinnen spielen (und taten es auch), Marlene konnte das nicht. Ihr Gesicht war zu unwirklich. Und wenn sie einmal ihren Charakter völlig verändern wollte, dann tat sie das physisch, wie etwa als häßliche Wahrsagerin in Orson Welles' TOUCH OF EVIL (IM ZEICHEN DES BÖSEN, 1958) oder als Erpresserin in Billy Wilders WITNESS FOR THE PROSECUTION (ZEUGIN DER ANKLAGE, 1958).

Marlenes *Good bad girls* sind großartige Verliererinnen, die niemand aus der Fassung bringen kann. Und wenn sie bei etwas geschnappt werden, ziehen sie nur eine Augenbraue hoch und lächeln den Mann, der sie überführt, herablassend an. In von Sternbergs DISHONORED (ENTEHRT, 1931) spielt sie die Agentin X 27, und man muß wohl nicht sagen, daß die Welt keine opulenter ausgestattete Spionin gesehen hat (mit Ausnahme von Greta Garbo als MATA HARI, George Fitzmaurice, 1932). Mal ganz in Leder, mal in schwarzem Pailletten-Mini und Seidenstiefeletten, bleibt die fatalistische Verräterin bis zum Tod ein »Gentleman«. Bevor sie im Kugelhagel stirbt, nimmt sie noch den Lippenstift, den man ja bei solchen Gelegenheiten gern dabeihat, greift sich den blanken Säbel eines hübschen Soldaten und zieht sich die Lippen nach. Nur ein *Bad girl* wie Marlene Dietrich stirbt so stilvoll.

Ein anderes, ebenso originelles, wenn auch handfesteres *Good bad girl* ist zweifelsohne Mae West, die in den dreißiger und vierziger Jahren (eigentlich bis an ihr Lebensende) privat und auf der Leinwand die Leute mit den witzigsten und anzüglichsten Dialogen unterhielt. Sie war eine Frau, die keinen Satz sagen konnte, der nicht mit sexuellen Referenzen vollgepackt war. Deshalb hatte sie immer Ärger mit der superprüden Filmzensur. Sätze wie »Is that a gun in your pocket, or are you just happy to see me?« (»Ist das eine Pistole dort in deiner Tasche, oder freust du dich nur, mich zu sehen?«) und »Between two evils I always pick the one I never tried before« (»Wenn ich zwischen zwei Bosheiten wählen müßte, würde ich immer die aussuchen, die ich noch nicht ausprobiert habe«) galten als der Gipfel der Freizügigkeit. Mae West war ein solches Original, daß sie immer nur einen Typ zu spielen brauchte: die erfahrene, sexuell anziehende, nicht mehr ganz junge Frau mit einer Stundenglasfigur irgendwo im Westen, der eigentlich erst durch sie wild wurde. Angetan mit den abenteuerlichsten Phantasiekleidern, die mit Federn, Perlen und Pailletten übersät waren, untermalte sie ihre unvergeßlichen Sprüche mit einem Hüftschwung und einem Griff ins Haar. Ihre Partner waren der junge Cary Grant (I'M NO AN-

»Wenn ich gut bin, bin ich sehr gut, wenn ich schlecht bin, bin ich besser«, sagte Amerikas provozierendster Sex-Star. Immer wenn Mae West den Mund aufmachte, kamen die Sittenrichter mit dem Rotstift.

GEL [ICH BIN KEIN ENGEL, 1933]) oder die alte Saufnase W. C. Fields (MY LITTLE CHICKADEE [MEIN KLEINER GOCKEL, 1940]), beide gute Zielscheiben für ihre köstlichen Zeilen. Fragt er: »Ever met a man, that could make you happy?« (»Schon mal einen Mann getroffen, der dich glücklich machen könnte?«), antwortet sie: »Several times.« (»Mehrere Male.«) Mae West verdanken die *Bad girls* den Satz, der am besten ihrer aller Philosophie umschreibt: »When I'm good, I'm very very good, when I'm bad, I'm better.« (»Wenn ich gut bin, bin ich sehr, sehr gut. Wenn ich schlecht bin, bin ich besser.«)

Die First Ladies der *Bad girls*

Joan Crawford gehört zusammen mit Bette Davis und Barbara Stanwyck zu den First Ladies der *Bad girls*. Fällt der Name Joan Crawford, zucken Männer meistens unangenehm berührt zusammen. Ist das nicht diese unsympathische Frau mit den durchdringenden Augen und den übermalten Lippen? Ja und nein. Crawford war eigentlich eine erstklassige Schauspielerin. Sie hatte eine außerordentlich intensive Präsenz und ein fein modelliertes Gesicht, das erst in den vierziger Jahren zu dem typischen Crawford-Gesicht wurde, das man bis heute mit ihren Rollen als neurotische, harte Domina assoziiert. Make-up sowie neue, größere Zähne gaben ihrem berühmten Mund ein Eigenleben und ihrem Gesicht den Ausdruck von mühsam unterdrückter Wut und Verachtung, aber auch Einsamkeit. Ihre mächtigen Augenbrauen paßten zu ihren Schulterpolstern, die in all ihren Filmen der vierziger Jahre eine größere Rolle spielten als die eher nichtssagenden Darsteller, mit denen sie auf der Leinwand zu sehen war.

Dabei wird ihre lange und abwechslungsreiche Karriere oft vergessen. In den zwanziger Jahren war sie das *Jazz baby* und der freche Fratz mit Hütchen und verrutschter Taille, in den dreißiger Jahren das moderne, hart arbeitende *Working girl* (bevorzugter Beruf: Sekretärin), aber auch die mondäne, durchgestylte Nichtstuerin – und schließlich in den vierziger Jahren die dramatische Schauspielerin und Oscar-Preisträgerin, die gestörte, gekränkte und gefallene Frauen verkörpern konnte wie keine andere. Ihr war das nur recht. Sie wollte keine Durchschnittsfrauen spielen. »If you want to see a girl next door, go next door« (»Wenn ihr ein Mädchen von nebenan sehen wollt, geht nach nebenan«), hat sie einmal gesagt.

Die Texanerin, 1908 in San Antonio geboren, hieß eigentlich Billie Cassin, nannte sich dann Lucille LeSueur und wurde erst später zu Joan Crawford (ein Name, den sie genauso haßte, wie Barbara Stanwyck den ihren). Der Vater verschwand, als sie noch ein kleines Mädchen war, die Mutter heiratete noch zweimal, ließ sich jedesmal scheiden, und die kleine Lucille zog wieder um und vernachlässigte so die Schulbildung, etwas, worunter sie ihr Leben lang litt. Ein sehr vitales, willensstarkes Ding, entschloß sich Lucille, Tänzerin zu werden. Schon kurze Zeit später legte die Queen der Tanzhallen den »Shimmy« und den »Charleston« so hin, daß die Verehrer nicht auf sich warten ließen. (Es gibt Gerüchte, nach denen sie sich zwischendurch als Prostituierte durchbrachte.) Sie kam nach Hollywood, erhielt einen neuen Namen und viele kleine Rollen. 1928 fiel sie in dem Film OUR DANCING DAUGHTERS auf und wurde als neuer Star gefeiert. In den späten dreißiger Jahren, als sie genug getanzt und geschäkert hatte, kam ihre Karriere in Schwierigkeiten. Eine neue Ära bahnte sich an, und die *screwball comedies* mit ihren liebenswert-dusseligen Millionärstöchtern und den Scharen von seufzenden *shop girls,* die auf Prince Charming warteten, begannen das Publikum zu langweilen. Joan wurde zum *box-office poison* (»Gift für die Kinokasse«), ein Schicksal, das sie mit Amerikas größten Stars teilte (Bette Davis, Marlene Dietrich, Katharine Hepburn). Doch es folgten neue, bessere Rollen. Ihre erste wirklich gute *Bad girl*-Rolle spielte sie in George Cukors Satire THE WOMEN (FRAUEN, 1939). Als Crystal, eine ambitionierte Kosmetikverkäuferin, die die neue Nagellackfarbe »Dschungelrot« verkauft, eine Affäre mit einem verheirateten Mann hat, ihn heiratet, dann beim eigenen Ehebruch überrascht wird, ist sie von vollendeter Hinterhältigkeit. Doch die darauffolgenden Filme konnten mit dieser Perle nicht mithalten – und Crawfords Karriere schien fast vorbei. Aber dann, im Jahre 1945, kam MILDRED PIERCE, der ultimative Joan-Crawford-Film. Als hätte er einen Höhepunkt akzentuiert und gleichzeitig eine besondere Ära abgeschlossen, folgten danach nur noch »typische« Crawford-Filme, die sich alle glichen, denn je mehr sie zum Star avancierte, desto inflexibler wurde sie in ihren Rollen. Sie war so festgelegt als *Bad girl* vom Dienst, daß sie sich frischere, leichte und humorvolle Rollen nicht mehr erlauben konnte. Immer wieder war sie – wie in HUMORESQUE (HUMORESKE, 1946),

Spieglein, Spieglein an der Wand, wer ist die Härteste im ganzen Land? Pistolen in zarten Frauenhänden sind sehr dekorativ, und Joan Crawford sieht nicht aus, als ob sie Schießprobleme hätte.

SUDDEN FEAR, DAISY KENYON, FEMALE ON THE BEACH (DAS HAUS AM STRAND, 1955) – die erfolgreiche einsame Frau mit harter Fassade, die so sehr in sich selbst ruht, daß sie es nicht mal mehr für nötig hält, mit Männern zu flirten oder ihnen zu schmeicheln. Als Karrierefrau in den klassischen vierziger Jahren *woman's pictures* bestätigte sie die alte Vorstellung, daß man als erfolgreiche Frau gar nicht warmherzig, lustig und sexy sein kann. Crawfords Härte wurde bis zur Karikatur übertrieben, so daß die Bestrafung, die ihrem Begehren nach Freiheit und Unabhängigkeit folgte, ganz logisch erschien. Sie äußerte sich im Verlust von Sexualität und des inneren Selbst, auch wenn der Gewinn materielle Unabhängigkeit bedeutete.

In den späteren Jahren ihrer Karriere wurde Joan Crawford zur kontrollierenden, narzißtischen *bitch*. Ihre Darstellung von feindseligen, psychotischen und mörderischen Frauen nimmt eine Sonderposition innerhalb des Genres ein. Besonders ihre *Bad girls* der fünfziger Jahre sind durchweg unsympathische, humorlose Wesen ohne jede liebenswerte Qualität. Sie amüsieren nicht, sondern schaffen Gänsehaut und Ablehnung und repräsentieren, fast ohne jede Nuance, den Alptraum der Männer, so einer Frau zu verfallen, und die Angst der Frauen, so eine Hyäne zu werden.

Daß Zelluloid-Dichtung und Hollywood-Wahrheit oft verschmelzen, zeigt das Privatleben von Joan Crawford. Sie heiratete in den fünfziger Jahren in vierter Ehe den Pepsi-Cola-Vorsitzenden und wurde im wirklichen Leben zu einer von den Angestellten gefürchteten, strengen Geschäftsfrau, deren Star-Auftritte im Büro Angst und Schrecken verbreiteten. Sie schien geradewegs von der Leinwand herabgestiegen zu sein und tyrannisierte ihre Umgebung mit ihrer multiplen Persönlichkeit, die eine Mischung aus all ihren bösen Rollen war. »Joanie« (so wurde sie von ihren Freunden genannt) regierte auch im Haushalt mit eisernen Gummihandschuhen. Eine herrschsüchtige und neurotische Sauberkeitsfanatikerin mit dem Charme einer KZ-Kommandantin, machte sie das Leben ihrer zwei adoptierten Kinder zur Hölle. So steht es jedenfalls in den sensationellen Enthüllungen ihrer Adoptivtochter Christina in dem Buch »Mommie, Dearest«. Die nach außen immer korrekt und superperfekt agierende Diva war zu Hause eine jähzornige und launische Furie mit kleinbürgerlichen Moralvorstellungen – eine vortreffliche Kandidatin für eine intensive Psychotherapie. Frau Crawford lebte gern keimfrei und hatte Spaß an sadistischen Strafen. Es war gar nichts Besonderes, wenn die kleine Christina nachts zum Kacheln-schrubben mit einer Dose »Vim« ins Badezimmer geordert wurde oder ihr die teuren Kleidchen von der tobenden Mutter weggenommen wurden, weil das dreiste Kind es gewagt hatte, diese auf billige Drahtbügel zu hängen. Faye Dunaway, selbst ein vorzügliches *Bad girl,* spielte den Putzteufel mit beachtenswerter Vollendung und großem Enthusiasmus in dem nach dem Buch benannten Film. Crawford war schon tot, als das Skandalwerk herauskam, sie hatte allerdings in weiser Vorausahnung lange vorher ihre »mißratene« Tochter (und deren Bruder) bestraft, indem sie beide enterbte.

Gerade im Zusammenhang mit diesen denkwürdigen Charaktermerkmalen von Joan Saubermann erhält der Film HARRIET CRAIG (DIE LÜGNERIN, Vincent Sherman, 1950) eine besonders komische Note. Harriet ist eine hochneurotische Ehefrau, deren Glück von der peniblen und perfekten Haushaltsführung abhängt. Ihr sorgfältig eingerichtetes Heim, kalt, steril, ohne ein Zeichen von Leben, ist ihre Identität und ihr Kontrollmittel und irgendwie auch ihre Sexualität. Ihr gegängelter Ehemann kann natürlich zu Hause nicht tun, was er möchte, ohne von seinem Wachhund verfolgt und gemaßregelt zu werden. Er darf keine Freunde einladen, keine Zigarren rauchen, keine Kissen zerknautschen. Weil er schließlich genug hat von diesen Scherzen, zerschmeißt er ihre Lieblingsvase und verläßt das keimfreie Haus für immer. Selten ist das Thema »Hausfrau« und »Heim« mit so viel gnadenloser Schärfe und Verachtung auf der Leinwand gezeigt worden. Das *Bad girl* als Hausfrau – eine bessere Metapher konnte es nicht geben für die totale Ausrottung des *Film noir* und seiner Heroinnen, die in den fünfziger Jahren begann.

Crawford hatte allerdings manchmal auch Sinn für Humor und litt nicht an Selbstunterschätzung. In den siebziger Jahren setzte sie sich selbst ein Denkmal: »Für die Frauenbewegung sollte ich doch eigentlich eine Heldin sein. Ich habe mehr Männer in die Knie gezwungen oder sie ruiniert als jede andere Schauspielerin in der Geschichte Hollywoods. Es müßte Pflicht werden, alte Joan-Crawford-Filme zu sehen. Wenn es irgend jemanden gibt, der diese bösen, gemeinen Männerbastarde im Griff hatte, dann war es Joan.«

Bette Davis besaß gleich zu Beginn ihrer Karriere Eigenschaften, die nur wenige Schauspielerinnen aufweisen konnten: Arroganz und Selbstsicherheit. Und die wandte sie in egal welcher Rolle an. Eigentlich gab es nur zwei Kategorien, in denen sie ausnahmslos glänzte: eigenwillige Individualistin oder *Bad girl*. Sie repräsentierte (ähnlich wie Katharine Hepburn) in ihren Filmen die neue, moderne Frau: intelligent, selbstbewußt, unabhängig, ironisch. Und sie hatte in ihren Filmen immer einen Beruf, genau wie Joan Crawford und Barbara Stanwyck (Marlene Dietrich beispielsweise war zu »traumhaft«, um jemals einen richtigen Job in ihren Filmen gehabt zu haben). Bette war Kellnerin, Reporterin, Stenotypistin, Musikerin, Buchhalterin, Unternehmerin, Schauspielerin, Nachtclub-Kellnerin, Autorin, Malerin. Ihr Leinwandleben rankte sich selten ausschließlich um Männer oder gar Kindererziehung (immer wenn Kinder im Drehbuch vorkamen, waren sie entweder angenommen oder wurden weggegeben). Uneitel und ehrgeizig verleibte sie sich jede Rolle mit großem Engagement ein, egal, ob sie nun »vorteilhaft« aussah, wenn sie 20 Jahre ältere Matronen, häßliche Hausdrachen oder unsympathische Giftschlangen spielte. Sie strahlte immer Leidenschaft, Feuer und eine Intensität aus, die ihr niemand nachmachen konnte. Und sie war immer die Siegerin, selbst wenn sie starb wie in DARK VICTORY (1946), einen Mann verlor wie in JEZEBEL (JEZEBEL – DIE BOSHAFTE LADY, 1938) oder einen tötete wie in DECEPTION (1946).

Bette Davis wurde 1908 in Massachusetts geboren und war – ebenso wie ihre zwei größten Konkurrentinnen Crawford und Stanwyck – ein Kind aus einer geschiedenen Ehe, wo der Vater früh fehlte. Sie wollte, genau wie die anderen beiden, Tänzerin werden, entschied sich dann aber für die Schauspielerei. Es folgten einige Rollen am Broadway und 1930 ein Filmvertrag mit Universal. Als 22jährige kam sie mit ihrer Mutter im Schlepptau nach Hollywood. Sie erhielt ein paar

Rollen, aber keiner war so recht begeistert von der nicht all-zu hübschen, braunhaarigen jungen Frau mit den großen Augen und dem entschlossenen Mund. Sie tat, was man immer noch in Hollywood tut, färbte sich die Haare hellblond und erlangte Aufmerksamkeit: ein paar gute Rollen und einen Siebenjahresvertrag mit Warner Brothers. Vier Jahre und 24 Filme später wagte sie etwas, wozu vor und nach ihr nur wenige Schauspielerinnen den Mut hatten. Sie weigerte sich, seichte, dumme und peinliche Rollen zu spielen, und ging vor Gericht, um aus dem Vertrag herauszukommen, da ihr keine ihrem Talent entsprechenden Rollen angeboten wurden (sie verlor den Prozeß allerdings).

Bette Davis' erster Film hieß ironischerweise BAD SISTER und war mit niemand anderem als dem zukünftigen *Bad boy* Humphrey Bogart, damals noch ein undistinguiertes Milch-gesicht (sie spielte noch in drei weiteren Filmen mit Bogey, aber die beiden waren nie ein Liebespaar). Schon in ihren früheren Filmen wurde sie auf eine *Femme fatale* festgelegt und tötete den einen oder anderen Mann. Richtig böse zeigte sie sich aber erst in den vierziger Jahren. Im Gegensatz zu Joan Crawford spielte Bette damals noch selten pathologi-sche Mörderinnen. Sie tötete aus einer schwierigen Situation heraus, weil es sich so ergab oder weil es einen Sinn machte. Bette behielt immer die Oberhand, auch wenn sie mordete, und verlor nie ihr kleines sardonisches Lächeln um die leicht nach unten gezogenen Mundwinkel. Ihr konnte man gar nichts. Sie erschoß Männer so nebenher und nonchalant, wie andere Frauen ihre Martinis tranken. So etwas wie Reue oder Mitleid kannte sie nicht. Nie war sie niedergeschlagen oder am Boden zerstört. Tränen wurden immer nur vorgetäuscht. Und wenn sie weinte, dann aus Berechnung, um einen betro-genen Mann zu beruhigen, jemanden zu manipulieren oder um Mitleid oder Geld herauszuschinden.

Bette Davis hielt sich bis zu ihrem Tod in der Top-Position als eine der begabtesten Schauspielerinnen (zwei Oscars) und unvergeßlichen Legenden Amerikas – dank ihrer elektrisie-renden Persönlichkeit, kombiniert mit Energie, Selbstdisziplin, Ambition und harter Arbeit. Ihre Stimme, ihr Gang, ihre Mundwinkel und die großen Augen (die in dem erfolgreichen Pop-Song »Bette Davis Eyes« zitiert wurden) gehören in die Kinolandschaft wie Charlie Chaplins Bärtchen und Fred Astaires Tanzschritte. Sie blieb im Alter eine scharfzüngige, leicht zynische und unbequeme Frau. »I always knew I would end up alone, an old woman on a hill«, soll das Super-*Bad girl* einmal gesagt haben. Das ist vielleicht der Preis für eine Frau, wenn sie vom ausgetretenen Pfad der Tugend abkommt und zuläßt, daß sich zur Beauty auch ein Biest gesellt. Aber immerhin ist sie ganz oben gelandet.

Als Mutter war der dreimal geschiedene und einmal verwitwete Star scheinbar eine milde Ausgabe des Frauentyps, den sie zu etablieren half. Auch Barbara Davis, die Tochter, schrieb ein Buch über ihre Mutter. Ähnlich wie Christina Crawford in ihrem Buch über ihre Mutter Joan, hatte »BD«, wie sie sich nannte, sehr viel Kritisches über ihre dominante, egozentrische und wenig liebe Mutter zu sagen. Bette Davis' Schauspielkunst tat das keinen Abbruch. Hier ist nur eine kleine Auswahl aus ihrem *Bad girl*-Repertoire.

Das Filmposter zu BEYOND THE FOREST sagt alles: »She's a midnight girl in a nine o'clock town« (»Sie ist ein Mitternachtsmädchen in einer Neun-Uhr-Stadt«) und »Nobody is as good as Bette Davis, when she's bad« (»Keiner ist so gut wie Bette Davis, wenn sie schlecht ist«). In der Tat. Sie kommt in die Jagdhütte ihres Liebhabers und bemerkt abfällig: »What a dump!« (»Was für ein Loch!«) Davis spielt den teuflischen Dorftrampel Rosa Moline mit einer geradezu perversen Freude, die sehr komisch wirkt. Sie sieht unmöglich aus: dunkles Make-up, lange zottelige Haare, immer eine Zigarette im Wundwinkel hängend, mit bitteren und enttäuschten Augen, ist sie das Bild der frustrierten Frau, die alle ihre Träume dahinschwinden sieht. Sie sehnt sich nach der Großstadt und träumt davon, in Chicago die große Dame zu spielen und Couture zu tragen – ein verständlicher Wunsch, denn die mädchenhaften Röcke und gekrausten Bauernblusen erscheinen lächerlich. Rosa ist eine dieser dörflichen »Madame

Bovarys«, die so gelangweilt sind, daß sie herumsitzen, Magazine in die Ecken schmeißen, sich vor dem Spiegel nervös durch die Haare fahren, Zigaretten hastig ausdrücken, an Limonade oder Whisky nippen und tiefe Seufzer ausstoßen. Rosa fängt eine heiße Affäre mit einem Multimillionär aus Chicago an, der amüsiert ist von der leidenschaftlichen, leicht ordinären Frau mit dem kratzbürstigen Wesen, das von sich sagt: »I don't want people to love me.« Und das tut eigentlich auch keiner außer ihrem Ehemann, dem gutmütigen Landarzt (Joseph Cotten). Der Liebhaber hat eine kleine Jagdhütte bei ihr um die Ecke, wo sie sich immer zu einem Stelldichein treffen. Natürlich denkt der Lover nicht daran, Rosa zu heiraten oder auch nur ernsthaft als Geliebte länger in Erwägung zu ziehen. Er teilt ihr mit, daß er sie nicht mehr liebe, weil er die Frau seiner Träume gefunden habe. »She's a book with none of the pages cut« (»Sie ist ein Buch, in dem keine Seiten fehlen«), schwärmt er. Rosa kontert treffend: »Yeah, and nothing on them.« (»Ja, aber die Seiten sind leer.«) Als sie merkt, daß sie schwanger ist, und durch Zufall der alte Holzfäller aus dem Dorf davon erfährt und sie erpreßt, erschießt sie diesen in einem ihrer wilden Anfälle. Um das Kind loszuwerden, springt sie in eine Kiesgrube. Sie verliert das Kind, bekommt aber eine gefährliche Infektion und kriecht im Fieberwahn raus zum Bahnhof, um doch noch den Neun-Uhr-Zug nach Chicago zu kriegen. Aber daraus wird nichts. Sie verendet neben den Schienen.

In Wylers JEZEBEL – einem ihrer besten und berühmtesten Filme – spielt Bette eine verzogene Südstaaten-Tochter, die ihren Willen immer durchsetzen will. Als sie zum Ball statt der üblichen weißen Robe ein feuerrotes Kleid trägt, nur um die Leute zu provozieren, fordert ihr Verlobter (Henry Fonda) sie auf, in sich zu gehen und ihn um Verzeihung zu bitten. Trotzig und stolz denkt sie nicht daran. Er zieht in den Bürgerkrieg, heiratet eine andere und erkrankt an Gelbfieber. Sie pflegt ihn und setzt sich der Gefahr der Ansteckung aus, willens, ihren eigenen Tod zu riskieren, nur um ihm die Einsicht zu zeigen, daß sie sich danebenbenommen hat. Eine gerechte

Strafe für ihre verrückten Ideen von Unabhängigkeit. Eine ihrer Paraderollen hatte Bette in William Wylers Film THE LITTLE FOXES (DIE KLEINEN FÜCHSE, 1941) als Regina, eine harte, abgebrühte Ehefrau und Mutter. Sie holt ihren kränklichen, schwachen Ehemann Horace (schon wieder Herbert Marshall) aus dem Sanatorium, weil sie sein Geld für ein windiges Geschäft, in das ihre beiden Brüder investieren wollen, braucht. Horace will sein Vermögen aber nicht rausrücken. Es kommt zu Streitereien und Komplikationen, in deren Folge Regina solchen Druck auf ihren Mann ausübt, daß er einen Herzanfall erleidet. Sie verweigert ihm einfach seine Medizin und steht kühl lächelnd an seinem Totenbett. Der sterbende Vater, wohl wissend, wer für seinen Tod verantwortlich ist, fordert seine liebenswerte Tochter auf, so schnell wie möglich zu fliehen – weg von der Mutter mit dem kalten Herzen. Die Tochter merkt endlich, was für ein fieses Weib die Mutter ist, und verläßt mit dem Verlobten das Haus. Die böse Regina bleibt allein zurück.

DECEPTION von Irving Rapper ist bestes *Bad girl*-Material. Bette spielt Christine Radcliffe, eine Musiklehrerin, die gleich nach dem Krieg vom totgeglaubten Liebhaber und begnadeten Musiker Karl Novak (der immer wertvolle Paul Henreid, heldenhafter und feinsinniger Europäer und Einzelkämpfer mit kontinentalen Manieren) Besuch bekommt. Sie liebt ihn immer noch und ist ganz gerührt, wenn er sie liebevoll »Schatzi« nennt, was sie mit einem wehmütigen und nostalgischen Lächeln hinnimmt (und was sich so anhört, als würde Humphrey Bogart von, sagen wir, Doris Day »Mäuselchen« genannt). Besonders als der gute Mann ihr die schrecklichen Dinge erzählt, die er im KZ erlebt hat (er deutet das nur an), möchte sie ihm das gute amerikanische Leben vorführen, das sie selbst führt. Ein modisches und kunstvoll eingerichtetes Loft, superelegante Kleider – erstaunlich für eine kleine Lehrerin. Sie erklärt ihm, daß der berühmte Komponist und Dirigent Hollenius (Claude Rains) ihr großzügiger Mentor sei, erwähnt aber nicht, daß die beiden bis zu Karels Rückkehr eine Affäre hatten. Damit er ihr glaubt, schlägt sie vor, sofort zu heiraten. Bei der Feier taucht Hollenius auf und läßt ganz klar durchblicken, daß er mit der Hochzeit nicht einverstanden ist. Aber Christine kann Karels Verdacht zerstreuen. Am nächsten Tag besucht sie den Ex-Liebhaber und beschwört ihn, über ihre Affäre Stillschweigen zu bewahren. Hollenius weidet sich an ihrer Angst und Frustration und bietet dem erstaunten Karel ganz plötzlich die Position als Solist für sein neues Konzert an. Christine traut der Sache nicht, denn der Maestro benimmt sich so unmöglich, daß die Proben zum Desaster werden. Christine durchschaut die Tricks und fürchtet eine Katastrophe. Hollenius droht ihr schadenfroh, Karel vor dem Konzert zu erzählen, daß sie seine Geliebte war, worauf Christine ihn erschießt. Das Konzert ist ein großer Erfolg. Doch Karel erfährt, daß Christine den Meister getötet hat. Er vergibt ihr.

Barbara Stanwyck war zwar nicht das erste *Bad girl,* aber als die klirrend kalte Phyllis Dietrichson die Szene betrat, war sie das einzig wahre und löschte die Erinnerung an alle vorangegangenen negativen Frauenporträts im Film aus. Von der Sekunde an, wo Stanwyck die Szene betritt, reißt sie das Geschehen an sich – wie in allen ihren Filmen. Sie besaß eine so überwältigende Leinwandpräsenz, daß sie nach dieser Rolle kaum als etwas anderes als die gefährliche *Femme fatale,* die Männer verführt, zu Verbrechen verleitet und dann tötet, glaubwürdig schien. Selbst als Opfer, wie in SORRY, WRONG NUMBER (DU LEBST NOCH 105 MINUTEN, Anatole Litvak, 1948) war sie eine herrische Ehefrau, die vom Bett aus wie ein General Befehle erteilte. Ihre Physiognomie, gepaart mit ihrer Schauspielkunst, eignete sich perfekt für die Rollen dominanter, herzloser und krimineller Frauen, die sie in den späten vierziger und frühen fünfziger Jahren (leider) fast ausschließlich spielte. Der Prototyp des Stanwyck-*Bad girls* war eine furchteinflößende Gestalt, das Gesicht eine ewige Maske aus Zorn, die Haltung rigide und defensiv. Sie besaß keine weichen Kurven oder fließenden Linien, alles an ihr war kantig und scharf, ihre sexuelle Ausstrahlung eisig und vergiftend.

Mit einem Lächeln wie der Schnitt eines Chirurgen und einer stählernen Stimme, war diese harsche Heldin perfekt, um Männer zu beherrschen. Dieses spätere Image von Barbara Stanwyck als First Lady der *Bad girls* war so überwältigend, daß es auch all ihre vorangegangenen Rollen überschattete. Eine bedauernswerte Verzerrung und ein Verlust, denn es gab kaum eine vielseitigere und eindrucksvollere amerikanische Charakterdarstellerin und Komödiantin als Barbara Stanwyck. Noch kurz vor DOUBLE INDEMNITY konnte man sie in einer Reihe der besten Komödien und Dramen des amerikanischen Films bewundern. Sie war einfach bezaubernd, witzig, bildhübsch und sexy als *Good bad girl* in THE LADY EVE (DIE FALSCHSPIELERIN, 1941), charmant in Howard Hawks' BALL OF FIRE (DIE MERKWÜRDIGE ZÄHMUNG DER GANGSTERBRAUT SUGARPUSS, 1941), als schlagfertiges Showgirl, das den naiven Professor Gary Cooper verführt, und superb als aggressive Reporterin in Frank Capras MEET JOHN DOE (HIER IST JOHN DOE, 1941 – ebenfalls mit Cooper).

Wenn man einen Blick auf die Kindheit einiger berühmter weiblicher Stars wirft, die auf der Leinwand durch Dominanz und Intensität auffallen, kommt man nicht umhin, einen Zusammenhang zwischen frühem Trauma und späterer Affinität zu bestimmten Rollen zu sehen (beispielsweise das Aufwachsen ohne Vater, in diesem Fall auch ohne Mutter). Barbara Stanwyck wurde als Ruby Stevens 1907 in Brooklyn geboren, eines von fünf Geschwistern, der Vater arbeitsloser Arbeiter, die Mutter kränkliche Hausfrau. Als Ruby zwei Jahre alt war, starb die Mutter, der Vater rannte weg, und die älteste Schwester zog die Kinder auf beziehungsweise gab sie zu jedem, der sie haben wollte. Einsam, ungeliebt, dauernd herumgeschubst, geschlagen und ignoriert, flüchtete Ruby sich in eine Traumwelt. Sie wollte unbedingt Tänzerin werden. Mit 13 verließ sie die Schule und arbeitete als Packerin, lernte nachts Steno und Schreibmaschine, jobbte als Telefonistin und nahm nebenher Unterricht im akrobatischen Tanzen. Durch Zufall geriet sie auf eine Audition und wurde als Tänzerin engagiert. (Zur gleichen Zeit tanzte nur zwei Straßen weiter ein großäugiges, ambitioniertes Mädchen namens Billie Cassin, das sich später in Joan Crawford verwandeln und eine gute Freundin von Barbara/Ruby werden sollte.) Ein paar Jahre lang tanzte und spielte sie mit beachtlichem Erfolg in New Yorker Vaudeville-Theatern. Dann wurde man in Hollywood auf sie aufmerksam und machte Probeaufnahmen. Sie war ein scheues, bieder aussehendes Mädchen, sperrig, ohne Make-Up, ohne Stil. Aber als die Kamera lief, verwandelte sich das häßliche Entlein in einen Schwan. Sie wirkte atemberaubend.

Ihre Filme waren von Anfang an interessant. Sie spielte immer ziemlich moderne, sexuell offene, junge Frauen aus der Arbeiterklasse, die eine kesse Lippe riskierten und clever und »befreit« waren, lange bevor es den Feminismus gab. In den dreißiger Jahren mit dem infamen *Hollywood production code,* der Freizügigkeit jeglicher Art verbot, galt Barbara bald als die gewagteste Schauspielerin überhaupt – und das Publikum liebte sie. Sie spielte einfach alles: von der Krankenschwester, der kessen Tänzerin bis zu diversen Mädchen, die auf die schiefe Bahn geraten waren.

In BABY FACE war sie ein einfaches, armes Mädchen, das betrügt, verrät, tötet und sich mit Sex nach oben »arbeitet« – ihre erste Rolle als wirkliches *Bad girl.* In FORBIDDEN erschießt sie ihren Mann; in LADIES THEY TALK ABOUT (1933) überfällt sie eine Bank. Mit STELLA DALLAS (1937), keinem *Bad girl,* sondern einer selbstlosen Mutter, gab sie eine absolute großartige Vorstellung und wurde über Nacht Amerikas beste dramatische Schauspielerin. Danach kamen Western, Komödien, Dramen. Schließlich folgte DOUBLE INDEMNITY – und alle waren sprachlos.

Sie verkörperte Frauen mit intuitiver Intelligenz, starkem Willen, Selbstbewußtsein und genügend weiblichen Attributen, die eingesetzt wurden, wann immer die Frauen es wollten. Stanwyck hat nie eine minderwertige Darstellung geliefert, auch wenn manche Filme schlechter waren als andere. Und sie arbeitete mit einer Schar von berühmten Schauspielern wie Gary Cooper, Humphrey Bogart, Henry Fonda, Ray Milland, Kirk Douglas, Erroll Flynn, William Holden, Burt

Lancaster, Edward G. Robinson, Fred MacMurray, ja sogar mit Elvis Presley (in ROUSTABOUT).

Privat lebte Barbara Stanwyck das Gegenteil ihres Images. Sie galt als einer der populärsten Stars in Hollywood, von allen Regisseuren geliebt, von der Crew verehrt. Bescheiden, professionell, perfektionistisch, pünktlich und ohne Allüren trat sie an, erledigte ihre Arbeit in nur einem *take* und ging wieder nach Hause auf ihre Ranch in Kalifornien. Ihr Privatleben war so geheimnisvoll wie ihre Persönlichkeit, sie war ein *workaholic*, der nur in der Arbeit Erfüllung fand. Als eines der bestgehüteten Geheimnisse von Hollywood galt, daß Stanwyck eine eingefleischte Lesbierin war (eine ihrer Liebhaberinnen war angeblich Joan Crawford) und alles daransetzte, das vor ihren Fans zu verbergen (im Gegensatz zu bisexuellen Stars wie Greta Garbo und Marlene Dietrich, denen ihre Fans egal waren). Man traf sie nie auf Parties oder bei anderen gesellschaftlichen Ereignissen, sie galt als sehr zurückhaltende Frau, die weder politische (sie war Republikanerin) noch private Meinungen zum besten gab und eher konservativ und vorsichtig wirkte. Affären waren nicht bekannt, Skandale und Kontroversen paßten nicht zu ihrer scheuen Persönlichkeit. Der letzte Ehemann war der fade, rechtsgerichtete Schönling Robert Taylor, der seinerseits in dem Verdacht stand, homosexuell zu sein. Die Heirat von Babs und Bob wurde vom Studio vorgeschlagen und forciert, um zwei Fliegen mit einer Klappe zu schlagen und dem Gerede über die sexuellen Neigungen der beiden Einhalt zu gebieten. Taylor willigte gerne in die Scheinehe ein, denn Stanwyck war der höchstbezahlte Star Amerikas, einflußreich bei den Studios und bekannt für ihre Hilfsbereitschaft jüngeren Kollegen gegenüber (William Holden schwärmte bis zu seinem Tode von ihr), die sie wie Söhne behandelte. Ihren Adoptivsohn, den sie in den dreißiger Jahren einfach bei ihrem ersten Mann ließ, verleugnete sie allerdings später.

Die Mutterschaft und die Rolle als *Bad girl* ist wohl nicht nur im Film eine unglückselige Kombination. Alle drei Stars, Crawford, Davis (die außerdem zwei eigene Kinder hatte) und

Stanwyck, hatten Adoptivkinder. Man könnte über die Gründe spekulieren. Außer Eitelkeit – Geburten machen nicht jünger und dünner – dürfte der Hauptgrund sein, daß Schwangerschaften für besonders ambitionierte und besessene Filmstars wie diese drei die Karriere ruinieren konnten, denn sie wurden dadurch für eine Zeit aus dem Verkehr gezogen, tödlich für eine Branche, die Gesichter schnell vergißt. Kate Hepburn sagte zu diesem Thema einmal, daß man entweder Mutter oder Schauspielerin sei. Sie verkniff sich Kinder ganz. Stanwycks Filmkarriere endete in den sechziger Jahren, weil Hollywood ihre Art Filme nicht mehr produzierte. Sie alterte vorteilhaft, behielt ihr starkes, charaktervolles Gesicht, ihre schlanke, jugendliche Figur und strahlte weiterhin große Vitalität aus. Die Angebote, psychotische Hackebeil-Weiber und einsame Neurotikerinnen zu spielen, blieben ihr erspart. Vielmehr übernahm sie 1968 eine phantastische Rolle in der populären Western-Serie »Big Valley«. Als Victoria Barkley verkörperte sie wieder die starke, intelligente, unabhängige Frau, die sie ihr Leben lang gespielt hatte.

Ein nicht ganz so bekannter, aber nichtsdestoweniger echter Stanwyck-Film ist THE STRANGE LOVE OF MARTHA IVERS. Wir erleben, wie die kleine Martha ihre fiese Tante mit dem Feuerhaken erschlägt (früh übt sich, was ein *Bad girl* werden will), weil die sie nicht mit ihrem Freund Sam weglaufen läßt. Der kleine Walter ist Zeuge des Mordes und verhilft ihr zu einem Alibi. Sie dankt es ihm, indem sie ihn später – als reiche Erbin von Iverstown – heiratet. Aber sie haßt Walter (Kirk Douglas), einen inzwischen korrupten, aber labilen Staatsanwalt, der einen Unschuldigen verurteilt, um das Verbrechen von damals endlich aus dem Weg zu schaffen. Sam, ihr Jugendfreund (Van Heflin), kommt zehn Jahre später durch Iverstown und überlegt sich, ob er Martha nicht einen Besuch abstatten sollte. Als er bei Martha vorspricht, bricht ihre ganze Leidenschaft, die sie bei Walter nicht loswerden kann, aus ihr heraus, und sie flirtet, was das Zeug hält. Bald darauf kann Sam ihr nicht mehr widerstehen, wie sie da in ihrem phantastischen Edith-Head-Outfit steht, mit den Augen lockt und mit der Stimme vibriert. Sie küßt ihn leidenschaftlich, und beide glauben ganz kurz, daß sie sich doch noch lieben. Martha versucht, Sam dazu zu überreden, den seichten Walter umzubringen, aber er verläßt angeekelt die Stadt. Walter und Martha, das Ehepaar, das sich verachtet, hat eigentlich nur eine Alternative: Doppelselbstmord im Büro.

Der nervenaufreibende Thriller SORRY, WRONG NUMBER ist ein zu Recht berühmter Film. Als Leona Stevenson, eine reiche, hysterische, selbstsüchtige und hypochondrische Frau (typisch »weiblich« – Flucht in die Krankheit), greift sie sich Henry (Burt Lancaster), einen jüngeren, zwielichtigen Mann, der ihren zielsicheren Avancen und dem Geld nicht widerstehen kann. Leona, nicht überraschend, ist extrem eifersüchtig und behandelt ihren neuen Ehemann wie einen Sklaven, der er ja auch ist. Henry ist in ein gefährliches Erpressungsmanöver verstrickt und braucht dringend Geld. Wozu hat er eine reiche, bettlägerige Frau, die ihn sowieso nur gängelt und herumkommandiert? Also plant er, sie ermorden zu lassen, um ihr Geld zu erben. Die Frau als Opfer, aber auch Unterdrückerin, der Mann als Mörder und Unterdrückter. Nun hört sie die Unterhaltung über den genauen Mordplan zufällig am Telefon mit und gerät in absolute Hysterie, denn der Mörder ist auf dem Weg zu ihr, die hilflos in ihrem Bett in einem einsamen Haus liegt. Ihre Waffe und die einzige Form der Kontrolle ist das Telefon. Als der plötzlich reuige Henry sie anruft, um sie zu warnen, ist es bereits zu spät. Der Mörder kommt langsam die Treppen rauf, und das ist das Ende von Leona. Stanwycks Darstellung von Angst und Terror ist einfach atemberaubend. Es gibt wenige Schauspielerinnen, die eine so schwierige Rolle nur mit einem Telefon als Partner derartig leidenschaftlich spielen können.

THE FILE ON THELMA JORDAN (STRAFSACHE THELMA JORDAN, Robert Siodmak, 1949) ist einer der typischen Stanwyck-Filme aus den fünfziger Jahren, ein bißchen »Frauenfilm«, ein bißchen *Film noir*. Sie spielt Thelma, eine kalkulierende, leicht zwielichtige und doch nicht ganz unsympathische Frau, die Geliebte eines Gangsters, die ihrer Tante die Erbschaft

»Das Schicksal brachte sie zusammen ... und nur Mord konnte sie trennen«, steht auf dem Poster von THE STRANGE LOVE OF MARTHA IVERS (1946). Barbara Stanwyck ist sehr sehr bad als die reiche, ruchlose Martha.

abjagen will und einen leichtgläubigen Staatsanwalt benutzt, um die alte Dame zu töten. Cleve (Wendell Corey), ein ziemlich naiver, etwas farbloser Mann, ist unglücklich verheiratet (seine Frau versteht ihn nicht!), und solche Männer sind immer Freiwild für hungrige *Femmes fatales* wie Thelma. Er gerät schnell in ihr Netz, verläßt seine Frau und hilft, den Mord an der Tante zu decken. Diesmal aber hat das *Bad girl* eine Schwäche, sie verliebt sich in den Staatsanwalt.

In dem Film CRIME OF PASSION (DAS WAR MORD, MR. DOYLE, 1956) hat Barbara ihre letzte klassische Rolle als *Bad girl*. Als kalte Mörderin und hemmungslos ambitionierte Ehefrau Kathy will sie ihrem Polizisten-Ehemann aus eigennützigen Gründen zu einer Beförderung verhelfen. Sie hat natürlich einen Liebhaber, der auch bei der Polizei ist und ihr verspricht, den Rivalen ihres Mannes für denselben Posten aus dem Weg zu schaffen. Als er sich das anders überlegt, tötet Kathy den Konkurrenten einfach selbst. Das ist das schöne an *Bad girls*. Sie sind keine zögernden, nägelbeißenden Angsthasen. Sie haben immer einen festen Plan und versuchen, erst jemand anderen – natürlich einen Mann – unter Einsatz ihrer Reize für die dreckige Arbeit zu gewinnen. Wenn das nicht klappt, heißt das noch lange nicht, daß die Sache damit erledigt ist. *Bad girls* geben nie auf. Wenn's sein muß, kommt ihre pragmatische Seite durch, und sie führen ihren Plan selbst aus. Natürlich kommt Thelma mit dem Mord nicht durch. Ihr Mann untersucht den Fall, stößt auf eindeutige Indizien und faßt sein wahrhaft teuflisches Weib als Mörderin.

Die Hausfrauen kehren heim –
das Ende der *Bad girls*

Das Ende des Kriegs veränderte natürlich auch langsam die Thematik der Filmproduktionen. Die Wirtschaft boomte wie noch nie zuvor, man hatte einen Krieg gewonnen und wollte jetzt Luxus und Leichtigkeit. Trotzdem hielten sich die *Films noirs* und die schnell heruntergedrehten B-Filme der Fünfziger bis etwa 1956. Immer noch in Schwarzweiß und dem expressionistischen, schattenhaften Stil gedreht, sind die *Films noirs* der fünfziger Jahre eher Straßen- und Stadtkrimis, was schon die Titel verraten: NIGHT AND THE CITY (DIE RATTE VON SOHO, Jules Dassin, 1950), PICKUP ON SOUTH STREET (Sam Fuller, 1953), PANIC IN THE STREET (UNTER GEHEIMBEFEHL, Elia Kazan, 1950), WHERE THE SIDEWALK ENDS (FAUSTRECHT DER GROSSSTADT, Otto Preminger, 1950), WHILE THE CITY SLEEPS (DIE BESTIE, Fritz Lang, 1956). Die neueren, teilweise auch alten *bad, good* und *tough guys,* wie Richard Widmark, Robert Mitchum, Dana Andrews und immer noch Humphrey Bogart, waren die Helden, um die sich alles drehte – die neue Sorte *Bad girls* saß relativ brav zu Hause und wartete.

Anfang der fünfziger Jahre war Schluß mit den schillernden und ikonenhaften, völlig die Handlung und die Leinwand dominierenden *Bad girls* mit sexy Garderobe und schwarzer Seele. In die Atmosphäre der wiederentdeckten erzkonservativen Werte paßten keine subversiven Frauen mit aggressivem Sex-Appeal und Verachtung für die Familie. Zwar war es unmöglich, Stars des Kalibers von Joan Crawford und besonders Barbara Stanwyck in Nebenrollen zu pressen, aber generell wurden Frauen wieder zu Beiwerk, ja sogar zu Opfern reduziert. Nicht nur der Look änderte sich bei den neuen, bescheideneren *Bad girls,* sondern auch ihre Motive und die Mittel zum Zweck. Die alten waren leidenschaftliche, machthungrige und selbstsüchtige Frauen, die etwas wollten und alles riskierten. Nun gut, sie benutzten dafür Sex und begingen manchmal sogar einen Mord, aber sie hatten ein Ziel vor Augen und die Fäden in der Hand. Da gab's nichts Halbherziges, Unterwürfiges, da war eine gewisse sportliche Freude an ihren meisterhaft ausgeführten Betrügereien. Keiner konnte die *Bad girls* zum Narren halten, sie hatten einen klaren Kopf und blieben selbst im Tod Siegerinnen. Ein großer Teil der Faszination ergibt sich aus der Tatsache, daß sie bis dahin psychologisch noch nicht erklärte Verhaltensweisen zeigten. Ihre Motivation ergab sich aus der Summe ihres Charakters, sie entzogen sich jeder Analyse und blieben ein großes Rätsel. Jetzt, in den praktischen fünfziger Jahren wurden sie gewöhnlich, durchschaubar, kaum mehr faszinierend. Frauen durften den Helden zwar auch manchmal hinters Licht führen und ablenken, sich aber nicht mehr dessen totaler romantischer und sexueller Obsession erfreuen.

Joan Crawford, die sich nach MILDRED PIERCE allmählich zur neurotischen Querulantin Nummer eins entwickelte, spielte am besten den neuen, zensierten Prototyp, der einfach nicht mehr so schamlos schlecht sein durfte. In den bereits erwähnten Thriller-Melodramen POSSESSED und HARRIET CRAIG ist sie einfach nur eine kranke und dadurch nicht ernst zu nehmende Frau. In der Sicherheit der Krankheit – in beiden Filmen eine »typisch weibliche« Besessenheit von einem Mann – oder im Haushalt hat sie den Freiraum, der ihre Andersartigkeit und Bosheit dämpft. Sie ist nicht für ihre Handlungen verantwortlich. Durch diese Art der »Verkrüppelung« wird eher Mitleid mit der Figur erzeugt – und es gibt eine gewisse Chance auf »Heilung«.

Gloria Grahame (IN A LONELY PLACE, THE BIG HEAT, HUMAN DESIRE, ODDS AGAINST TOMORROW [WENIG CHANCEN FÜR MORGEN, 1959], CROSSFIRE), eine sehr sensible und eher unterschätzte Schauspielerin, repräsentiert wiederum am perfektesten den Prototyp des leicht masochistischen *Bad girls* der fünfziger Jahre. Sie spielt keine herzlose Tyrannin, sondern eher ein Opfer, das jammert und heult und sogar oft ein gutes Herz hat. Grahame ist keine elegante, mysteriöse Erscheinung, sondern hat eher eine gewisse Klein-Mädchen-

Gloria Grahame, nicht zu böse, nicht zu sexy, wurde das meistbe-schäftigte Bad girl *der fünfziger Jahre.*

Qualität. Sie ist dünnlippig, mit kleinen Äuglein, hat Eich-hörnchenbacken und zieht ihre Nase kraus. Ihr Sex-Appeal hat nichts mit Geheimnis, sondern vielmehr mit engen Pullis zu tun. Sie ist immer auf der Suche nach Liebe, wartet irgendwo im dunklen Treppenhaus geduldig auf ihre Männer, wird aber hauptsächlich herumgeschubst, benutzt oder als Sex-Objekt gesehen. Gangster Lee Marvin beispielsweise schüttet ihr in THE BIG HEAT (Fritz Lang, 1953) heißen Kaffee ins Gesicht und entstellt es für immer (das sollte mal jemand mit Barbara oder Bette machen). Aber das ist sogar Gloria zuviel. Sie verpfeift das skrupellose Schwein bei Detektiv Glenn Ford und fühlt einen Moment lang triumphale Rache, während sie Lee ebenfalls heißen Kaffee ins Gesicht schüttet. Allerdings – und das ist Glorias Pech – zieht sie, egal was sie tut, fast immer den kürzeren und wird schließlich erschossen. Daß sie aber, mit der vernarbten Gesichtshälfte im Nerzmantel versteckt, tot am Boden liegen darf, ist die Belohnung und gibt ihr den Status eines sehr guten, weil geopferten *Bad girls*. Ebenfalls kein Glück hat sie in Fritz Langs HUMAN DESIRE (LEBENSGIER, 1954). Gloria, die als Vicky keine zu großen Stücke auf sich hält, benimmt sich so lange als passive, heruntergemachte Ehefrau eines brutalen Mannes, bis ihr der Kragen platzt und sie versucht, mit Hilfe eines Typen wie Glenn Ford (Glenn Ford muß irgendeine Repressalie gegen die Studios gehabt haben, daß er in so vielen *Films noirs* mitspielen durfte) ihren Ehemann umzulegen. Doch der kommt ihr zuvor und erwürgt sie. Frauen wie Gloria sind keine Siegerinnen, sie kriegen fast immer den schlechten Deal oder verlieren den Mann wie in Nicholas Rays IN A LONELY PLACE (1950) mit Humphrey Bogart.

Gene Tierney, die puppengesichtige Schönheit mit den grünen Augen, pechschwarzen Haaren und nett vorstehenden Zähnen, war nach LEAVE HER TO HEAVEN und LAURA auch eins von diesen *Bad girls*, die langsam in das Fach des ziemlich guten *Girls* vom Typ der solidarischen Kameradin und verläßlichen Ehefrau glitten. Sie spielte in zwei der besten *Films noirs* der fünfziger Jahre: WHERE THE SIDEWALK ENDS, mit Dana Andrews und NIGHT AND THE CITY mit Richard Widmark.

Lizabeth Scott (PITFALL, Andre de Toth, 1948), etwas kon-

Verbotene Gefühle im Fahrstuhl. Glenn Ford greift sich Gloria Grahame in Fritz Langs HUMAN DESIRE (1954).

ventioneller in ihrer sexuellen Anziehungskraft als Grahame, aber nur halb so talentiert, mit rauchiger Stimme, blonden Haaren und dunklen Augenbrauen, war ganz klar als ein Lauren-Bacall-Verschnitt gedacht, deren Schönheit und Keckheit sie natürlich nicht erreichte. In DEAD RECKONING (John Cromwell, 1947) ist sie zwar die böse Freundin eines Gangsters, der Humphrey Bogart beinahe auf den Leim geht, doch meistens entpuppt sich Lizabeth nach längerem Hinsehen als ein *Good girl,* das nur *bad* tut. Sie hat vielleicht den einen oder anderen Fehler in der Vergangenheit begangen, möchte sich aber bessern. Das gelingt ihr auch meistens, denn gute Intentionen und – ganz neu – Reue werden in diesen *Films noirs* belohnt.

Die vierziger Jahre in Europa waren äußerst unergiebig, was *Bad girls* betrifft, deshalb gestaltete sich ihr Ende auch nicht so traurig. Es gab einige starke, manchmal auch autonome Frauengestalten, die das eine oder andere Tabu brachen, leicht über die Stränge schlugen, sich sexuell in den Vordergrund spielten, aber ihnen fehlte im allgemeinen die Berechnung und Kriminalität, mit denen amerikanische *Bad girls* an die Arbeit gingen. Die meisten europäischen Filme aus der Zeit (England stellte eine Ausnahme dar) waren auch nicht im Thriller-Genre angesiedelt, hatten also wenig mit Verbrechen und Gewalt zu tun. Außerdem tobte der Krieg vor der Haustür, kein glanzvoller Krieg à la Hollywood, der fern von Bomben und Zerstörung stattfand. Was die Leute zur Ablenkung sehen wollten, waren Komödien und sentimentale Liebesfilme, die auch ruhig tragisch sein durften, wenn es der »Sache« dienlich war. Die Zuschauer bekamen Tränendrüsen-Dramen vorgesetzt, in denen tapfere Patriotinnen in der Kriegsindustrie ihre Frau standen, brave Mütter, bibbernde Ehefrauen und Verlobte an der Heimatfront warteten und ihren in den Krieg gezogenen Männern die Anzüge im Schrank staubfrei hielten. Für diese Frauen war Sex so rationiert wie Milch und Butter. Sie zeigten sich nobel und verläßlich, mit der richtigen Mischung aus Hingabe und Aufopferung und sie stellten ihre unverzichtbare Ergebenheit in den

noir getrimmten Thriller BODY HEAT (1981). Mariangela Melato spielte ein gutes, wütendes und politisch korrektes *Bad girl* in Lina Wertmüllers SWEPT AWAY (1975), und Faye Dunaway war überragend gut als Gangsterbraut Bonnie in Arthur Penns BONNIE AND CLYDE (1967) und später noch einmal als inzestuöses *Bad girl* in Roman Polanskis CHINATOWN (1974). Aber es war eigentlich die wunderschöne, kühle Cathérine Deneuve, die in den sechziger und siebziger Jahren eine würdige Nachfolgerin der *Bad girls* wurde. Sie schockierte uns als verstörte Messerstecherin in Polanskis Thriller EKEL (1965). In Truffauts unterschätztem, nicht sehr bekanntem Film MISSISSIPPI MERMAID (1969), Buñuels Meisterwerken

So lieb, so schön, so grausam. Cathérine Deneuve porträtierte für zwei Dekaden moderne Bad girls, *so wie die ungetreue Ehefrau in Buñuels* BELLE DE JOUR *(1968).*

177

BELLE DE JOUR (1968) und TRISTANA (1970) besaß sie eine sehr überzeugende, reuelose Widerspenstigkeit mit einem Touch echter Bösartigkeit, die andere Schauspielerinnen gar nicht erst zu porträtieren wagten.

Film noir mag eine Welt der Männer sein, aber die in diese Welt frech eingebrochenen Frauen haben dort ihre formvollendeten und unverwechselbar heißen Spuren hinterlassen. Diese Tatsache beweist, wieviel Talent all die erstklassigen Schauspielerinnen besaßen, die als Bad girls die Leinwand illuminierten. Sie hatten die Ambition und die Entschlossenheit, gegen den Strom zu schwimmen und ohne Vorbehalt die Macht weiblicher Sexualität und die Existenz dunkler und gewalttätiger Gefühle zu zeigen, aber auch genug Humor, um weibliche Klischees zu ironisieren. Deshalb sind sie heute genauso faszinierend wie damals.

Wenn man mit einem Mann zusammen einen film noir ansieht, ist die Stimmung hinterher unter Umständen nicht mehr dieselbe. Er scheint sich unwohl zu fühlen, schüttelt nur mit einem schiefen Lächeln den Kopf über so viel ungehemmte Schlechtigkeit, wirft einen kurzen Blick auf die Frau neben sich, fragt sich, wieviel Bad girl wohl in ihr steckt und ob sie ihn erschießen würde, um an seine Lebensversicherung zu kommen, falls er sie heirate. Ganz tief in ihm ist vielleicht auch ein mißtrauischer noir-Held versteckt, der den Verdacht hegt, daß Frauen im Grunde ihrer Seele betrügerische Sexmonster sind. Aber er würde nie wagen, das offen zuzugeben. Sie ist in einer ganz anderen Stimmung als er. Inspiriert und animiert, hat sie ein breites, leicht schadenfrohes Lächeln auf den Lippen, wie eine Katze, die gerade den Kanarienvogel erwischt hat. »Wunderbar«, murmelt sie, »endlich mal eine, die sich den Männern nicht unterwirft und hemmungslos nimmt, was sie will.«

Bad girls werden eigentlich von allen Frauen geliebt. Ich habe, außer ein paar strengen Feministinnen, noch keine Frau getroffen, die sich nicht köstlich über die scharfen Damen amüsiert oder sich irgendwie mit ihnen identifiziert hat. Denn obwohl sie unnahbar und unerklärbar sind, uns Frauen erscheinen sie nicht so fremd. Wir finden nie heraus, warum Phyllis, Cora oder Kathy so sind, wie sie sind, aber wir bleiben trotzdem ihre Fans und *Soul sisters.* Fasziniert und berührt, akzeptieren wir ihre gewalttätigen Ausbrüche als eine Form der Rebellion und solidarisieren uns mit dem Kampf um Unabhängigkeit, den wir, weniger mörderisch, auch kämpfen. Nicht nur Mildred Pierce hat ein Alter ego, das sie irgendwo versteckt hält. Für Frauen sind die *Bad girls* wunderbare Katalysatoren und Doppelgänger, die ihre allerwildesten Phantasien ausführen und ausleben. Wer würde nicht gern mal eine Pistole statt der Einkaufsliste aus der Handtasche holen und einem brutalen, dummen, langweiligen Ehemann eine Kugel durchs falsche Herz jagen? Wer träumt nicht davon, mit unlauteren Methoden eine größere Summe Geld einzukassieren oder korrupten Politikern ein paar Schläger ins Haus zu schicken oder, in Gildas schwarzes Trägerloses gewickelt, Männer so mit den eigenen Reizen zu verwirren und zu manipulieren, daß sie stottern, schwitzen und alle Befehle ausführen?

Nichts wird heute dringender gebraucht als die klassischen *Bad girls* der vierziger Jahre (auch ein paar der *Good bad girls* wären sehr willkommen). Wo sind die Frauen, so giftig wie Bette Davis, so schön wie Ava Gardner, so herrisch wie Joan Crawford und so unerschrocken wie Barbara Stanwyck? Wo sind sie, wenn uns so harmlose Starlets wie Julia Roberts mit blinkenden Zähnen anlachen, jemand wie Madonna sich als Marilyns Nachfolgerin kürt und angebliche »Sexbomben« wie Sharon Stone ohne Schlüpfer schockieren müssen? Wo ist der Schuß Bitterkeit und Zynismus in der computergesteuerten, geheimnislosen Harmoniewelt der neueren amerikanischen Liebesfilme, wo sind die dunklen Bars, die labyrinthartigen Treppenhäuser, die schäbigen Detektivbüros in den grellen, ohrenbetäubenden Macho-Epen? Wer wird endlich mal für ein paar Stunden zu Phyllis Dietrichsen und knallt ohne Federlesens Typen wie Sylvester Stallone oder Bruce Willis ab, schüttet Arnold Schwarzenegger kochendheißen

Kaffee ins Gesicht wie Gloria Grahame, betrügt Harrison Ford nach Strich und Faden wie Kathy Moffit und verführt Tom Cruise wie Cora Smith, um ihn hinterher auf den elektrischen Stuhl zu bringen?

Bad girls, kommt zurück! Bügelt eure sexy, elegante Garderobe, poliert die Pistolen, bürstet die langen Locken, malt euch die Lippen dunkelrot, rückt die Strumpfnaht gerade, zündet die Zigaretten an und räumt auf! Es gibt eine große, neue Welt, bevölkert von leeren und dürftigen Helden, größenwahnsinnigen Egomanen und selbstherrlichen Großmäulern, deren verdientes Ableben auf der Leinwand bei einer riesigen Zahl von Frauen Beifallsstürme auslösen würde.

Filmographie

ADAM'S RIB *(Ehekrieg),* USA 1949. Regie: George Cukor. Produzent: Lawrence Weingarten. Drehbuch: Ruth Gordon, Garson Kanin. Kamera: George J. Folsey. Musik: Miklos Rozsa. Produktionsgesellschaft: MGM. Besetzung: Katharine Hepburn (Amanda Bonner), Spencer Tracy (Adam Bonner), Judy Holliday (Doris Attinger), Tom Ewell (Warren Attinger), David Wayne (Kip Lurie), Jean Hagen (Beryl Caign).

AFFAIR IN TRINIDAD *(Affäre in Trinidad),* USA 1952. Regie: Vincent Sherman. Produzent: Vincent Sherman. Drehbuch: Oscar Saul, James Gunn. Kamera: Joseph Walker. Musik: Morris Stoloff, George Duning. Produktionsgesellschaft: Columbia. Besetzung: Rita Hayworth (Chris Emery), Glenn Ford (Steve Emery), Alexander Scourby (Max Fabian), Torin Thatcher (Inspektor Smythe), Valerie Bettis (Veronica), Steve Geray (Wittol), Karel Stepanek (Walters), George Voskovec (Dr. Franz Huebling), Juanita Moore (Dominique).

THE AFRICAN QUEEN *(African Queen),* USA 1951. Regie: John Huston. Produzent: Sam Spiegel. Drehbuch: James Agee, John Huston, nach dem Roman von C. S. Forester. Kamera: Jack Cardiff. Musik: Alan Gray. Produktionsgesellschaft: United Artists. Besetzung: Katharine Hepburn (Rose Sayer), Humphrey Bogart (Charlie Allnut), Robert Morley (Reverend Samuel Sayer), Peter Bull (Deutscher Kapitän), Theodore Bikel (Erster Offizier), Walter Gotell (Zweiter Offizier).

ALL ABOUT EVE *(Alles über Eva),* USA 1950. Regie und Drehbuch: Joseph L. Mankiewicz. Produzent: Darryl F. Zanuck. Kamera: Milton Krasner. Musik: Alfred Newman. Produktionsgesellschaft: 20th Century Fox. Besetzung: Bette Davis (Margo Channing), Anne Baxter (Eve), George Sanders (Addison de Witt), Celeste Holm (Karen Richards), Gary Merill (Bill Sampson), Thelma Ritter (Birdie), Marilyn Monroe (Miß Caswell), Hugh Marlowe (Lloyd Richards), Gregory Ratoff (Max Fabian).

ANGEL *(Engel),* USA 1937. Regie: Ernst Lubitsch. Produzent: Ernst Lubitsch. Drehbuch: Samson Raphaelson. Kamera: Charles Lang. Musik: Frederick Hollander. Produktionsgesellschaft: Paramount. Besetzung: Marlene Dietrich (Maria Barker), Herbert Marshall (Sir Frederick Barker), Melvyn Douglas (Anthony Halton), Edward Everett

Horton (Graham), Ernest Cossart (Walton), Laura Hope Crews (Großherzogin Anna Dmitriewna).

ANGEL FACE *(Engelsgesicht),* USA 1952. Regie: Otto Preminger. Produzent: Otto Preminger. Drehbuch: Frank Nugent, Oscar Millard. Kamera: Harry Stradling. Musik: Dimitri Tiomkin. Produktionsgesellschaft: RKO. Besetzung: Jean Simmons (Diane Tremayne), Robert Mitchum (Frank Jessup), Herbert Marshall, Barbara O'Neil, Leon Ames, Mona Freeman, Kenneth Tobey, Raymond Greenleaf.

BABY FACE, USA 1933. Regie: Alfred E. Green. Produzent: Ray Griffith. Drehbuch: Gene Markey, Kathryn Scola, nach einer Story von Mark Canfield (= Darryl F. Zanuck). Kamera: James van Trees. Produktionsgesellschaft: Warner. Besetzung: Barbara Stanwyck (Lily, genannt Baby Face), George Brent (Trenholm), Donald Cook (Stevens), Margaret Lindsay (Ann Carter), Arthur Hohl (Sipple), John Wayne (Jimmy McCoy), Henry Kolker (Carter), Douglass Drumbille (Brody), Theresa Harris (Chico).

BAD SISTER, USA 1931. Regie: Hobart Henley. Produzent: Carl Laemmle jr. Drehbuch: Raymond L. Schrock, Tom Reed. Kamera: Karl Freund. Produktionsgesellschaft: Universal. Besetzung: Conrad Nagel (Dick Lindley), Sidney Fox (Marianne Madison), Bette Davis (Laura Madison), ZaSu Pitts (Minnie), Slim Summerville (Sam), Charles Winninger (Mr. Madison), Emma Dunn (Mrs. Madison), Humphrey Bogart (Valentine Corliss).

BALL OF FIRE *(Die merkwürdige Zähmung der Gangsterbraut Sugarpuss),* USA 1941. Regie: Howard Hawks. Produzent: Samuel Goldwyn. Drehbuch: Billy Wilder, Charles Brackett, nach einer Geschichte von Billy Wilder und Thomas Monroe. Kamera: Gregg Toland. Musik: Alfred Newman. Produktionsgesellschaft: RKO. Besetzung: Barbara Stanwyck (Sugarpuss O'Shea), Gary Cooper (Bertram Potts), Oscar Homolka (Professor Gurkakoff), Dana Andrews (Joe Lilac), Dan Duryea (Duke Pastrami), Henry Travers (Professor Jerome), Tully Marshall (Professor Robinson), S. Z. Sakall (Professor Magenbruch).

BEYOND THE FOREST, USA 1949. Regie: King Vidor. Produzent: Henry Blanke. Drehbuch: Lenore Coffee, nach dem Roman von Stuart Engstrand. Kamera: Robert Burks. Musik: Max Steiner. Produktionsgesellschaft: Warner. Besetzung: Bette Davis (Rosa Moline), Joseph

Cotton (Dr. Lewis Moline), David Brian (Neil Latimer), Ruth Roman, Minor Watson, Dona Drake, Regis Toomey.

THE BIG HEAT *(Heißes Eisen),* USA 1953. Regie: Fritz Lang. Produzent: Robert Arthur. Drehbuch: Sydney Boehm, nach dem Roman von William P. McGivern. Kamera: Charles Lang. Musik: Arthur Morton. Produktionsgesellschaft: Columbia. Besetzung: Glenn Ford (Sergeant Dave Bannion), Gloria Grahame (Debbie Marsh), Lee Marvin (Vince Stone), Alexander Scourby (Mike Lagana), Jocelyn Brando (Kate Bannion), Jeannette Nolan, Peter Whitney.

THE BIG SLEEP *(Tote schlafen fest),* USA 1946. Regie: Howard Hawks. Produzent: Howard Hawks. Drehbuch: William Faulkner, Leigh Brackett, Jules Furthman, nach dem Roman von Raymond Chandler. Kamera: Sid Hickox. Musik: Max Steiner. Produktionsgesellschaft: Warner Bros./First National. Besetzung: Humphrey Bogart (Philip Marlowe), Lauren Bacall (Vivian Rutledge), John Ridgely (Eddie Mars), Martha Vickers (Carmen Sternwood), Dorothy Malone (Buchhändlerin), Peggy Knudsen (Mona Mars), Regis Toomey (Bernie Ohls), Charles Waldron (General Sternwood), Charles Brown (Norris), Elisha Cook jr. (Harry Jones), Bob Steele (Canino).

DER BLAUE ENGEL, D 1930. Regie: Josef von Sternberg. Produzent: Erich Pommer. Drehbuch: Robert Liebmann. Kamera: Günther Rittau, Hans Schneeberger. Musik: Friedrich Holländer. Produktionsgesellschaft: UFA. Besetzung: Marlene Dietrich (Lola-Lola Fröhlich), Emil Jannings (Professor Immanuel Rath), Kurt Gerron (Kiepert, der Zauberer), Rosa Valetti (Guste, seine Frau), Hans Albers (Mazeppa), Reinhold Bernt (Clown), Eduard von Winterstein (Schuldirektor).

BLONDE VENUS *(Blonde Venus),* USA 1932. Regie: Josef von Sternberg. Drehbuch: Jules Furthman, S. K. Lauren. Kamera: Bert Glennon. Produktionsgesellschaft: Paramount. Besetzung: Marlene Dietrich (Helen Faraday), Herbert Marshall (Edward Faraday), Cary Grant (Nick Townsend), Dickie Moore (Johnny Faraday), Gene Morgan (Ben Smith), Rita La Roy (»Taxi Belle« Hooper), Robert Emmett O'Connor (Dan O'Connor).

THE BLUE DAHLIA *(Die blaue Dahlie),* USA 1946. Regie: George Marshall. Produzent: John Houseman. Drehbuch: Raymond Chandler. Kamera: Lionel Lindon. Musik: Victor Young. Produktionsgesellschaft: Paramount. Besetzung: Alan Ladd (Johnny Morrison), Veronica Lake (Joyce Harwood), William Bendix, Howard da Silva, Doris Dowling, Tom Powers, Hugh Beaumont, Howard Freedman, Will Wright.

THE BLUE GARDENIA *(Gardenia, eine Frau will vergessen),* USA 1953. Regie: Fritz Lang. Produzent: Alex Gottlieb. Drehbuch: Charles Hoffman. Kamera: Nicholas Musuraca. Musik: Raoul Kraushaar. Produktionsgesellschaft: Warner/Gloria/Blue Gardenia. Besetzung: Anne Baxter (Norah Larkin), Richard Conte (Casey Mayo), Ann Sothern, Raymond Burr, Jeff Donnell, Richard Erdman, Nat King Cole.

BRINGING UP BABY *(Leoparden küßt man nicht),* USA 1938. Regie: Howard Hawks. Produzent: Howard Hawks. Drehbuch: Dudley Nichols, Hagar Wilde. Kamera: Russell Metty. Musik: Roy Webb. Produktionsgesellschaft: RKO. Besetzung: Katharine Hepburn (Susan Vance), Cary Grant (David Huxley), Charles Ruggles (Major Horace Applegate), May Robson (Tante Elisabeth), Barry Fitzgerald (Gogarty), Fritz Feld (Psychiater Dr. Fritz Lehmann), Asta (George, der Hund), Nissa (Baby, der Leopard).

CALIFORNIA *(California),* USA 1946. Regie: John Farrow. Produzent: Seton I. Miller. Drehbuch: Frank Butler, Theodore Strauss. Kamera: Ray Rennahan. Musik: Victor Young. Produktionsgesellschaft: Paramount. Besetzung: Barbara Stanwyck (Lily Bishop), Ray Milland (Jonathan Trumbo), Barry Fitzgerald, Albert Dekker, George Coulouris, Anthony Quinn.

CATTLE QUEEN OF MONTANA *(Königin der Berge),* USA 1954. Regie: Allan Dwan. Produzent: Benedict Bogeaus. Drehbuch: Robert Blees, Howard Estabrook, nach einer Story von Thomas Blackburn. Kamera: John Alton. Musik: Louis Forbes. Produktionsgesellschaft: RKO. Besetzung: Barbara Stanwyck (Sierra Nevada Jones), Ronald Reagan (Farrell), Gene Evans (Tom McCord), Lance Fuller (Colorados), Anthony Caruso (Nachakos), Jack Elam (Yost).

CLASH BY NIGHT *(Vor dem neuen Tag),* USA 1952. Regie: Fritz Lang. Produzent: Harriet Parsons. Drehbuch: Alfred Hayes, nach einem Stück von Clifford Odets. Kamera: Nicholas Musuraca. Musik: Roy Webb. Produktionsgesellschaft: RKO/Wald-Krasna Production. Besetzung: Barbara Stanwyck (Mae), Paul Douglas (Jerry), Robert Ryan (Earl), Marilyn Monroe (Peggy), J. Carrol Naish (Onkel Vince), Keith Andes (Joe Doyle), Silvio Minciotti (Papa D'Amato).

CRIME OF PASSION *(Das war Mord, Mr. Doyle),* USA 1956. Regie: Gerd Oswald. Produzent: Herman Cohen. Drehbuch: Jo Eisinger. Kamera: Joseph LaShelle. Musik: Paul Dunlap. Produktionsgesellschaft: United Artists. Besetzung: Barbara Stanwyck (Zeitungsreporterin), Sterling Hayden (Polizist), Raymond Burr, Fay Wray, Royal Dano, Virginia Grey.

CRISS CROSS *(Gewagtes Alibi),* USA 1948. Regie: Robert Siodmak. Produzent: Michael Kraike. Drehbuch: Daniel Fuchs, nach einem Roman von Don Tracy. Kamera: Frank Planer. Musik: Miklos Rozsa. Produktionsgesellschaft: Universal. Besetzung: Burt Lancaster (Steve Thompson), Yvonne de Carlo (Anna), Dan Duryea (Slim Dundee), Stephen McNally (Pete Ramirez), Richard Long (Slade Thompson), Esy Morales (Orchesterleiter), Tom Pedi (Vincent), Percy Helton (Frank), Alan Napier (Finchley).

CROSSFIRE *(Im Kreuzfeuer),* USA 1947. Regie: Edward Dmytryk. Produzent: Adrian Scott. Drehbuch: John Paxton, nach einem Roman von Richard Brooks. Kamera: J. Roy Hunt. Musik: Roy Webb. Produktionsgesellschaft: RKO. Besetzung: Robert Young (Finlay), Robert Mitchum (Kelley), Robert Ryan (Montgomery), Gloria Grahame (Ginny), Paul Kelly, Sam Levene, Jacqueline White, Steve Brodie.

THE DARK MIRROR *(Der schwarze Spiegel),* USA 1946. Regie: Robert Siodmak. Produzent: Nunnally Johnson. Drehbuch: Nunnally Johnson, nach einer Geschichte von Vladimir Pozner. Kamera: Milton Krasner. Musik: Dimitri Tiomkin. Produktionsgesellschaft: International. Besetzung: Olivia de Havilland (Terry Collins, Ruth Collins), Lew Ayres (Scott), Thomas Mitchell (Lieutenant Stevenson), Richard Long (Rusty), Charles Evans (Bezirksanwalt), Garry Owen (Franklin), Lester Allen (Benson).

DARK PASSAGE *(Die schwarze Natter/Das unbekannte Gesicht),* USA 1947. Regie: Delmer Daves. Produzent: Jerry Wald. Drehbuch: Delmer Daves, nach dem Roman von David Goodis. Kamera: Sid Hickox. Musik: Franz Waxman. Produktionsgesellschaft: Warner Bros./First National. Besetzung: Humphrey Bogart (Vincent Parry), Lauren Bacall (Irene Jansen), Bruce Bennett (Bob Rapf), Agnes Moorehead (Madge Rapf), Tom D'Andrea (Sam), Clifton Young (Baker), Douglas Kennedy (Detective), Rory Mallinson (George Fellsinger), Houseley Stevenson (Dr. Walter Coley).

DEAD RINGER, USA 1964. Regie: Paul Henreid. Produzent: William H. Wright. Drehbuch: Albert Bleich, Oscar Millard. Kamera: Ernest Haller. Musik: André Previn. Produktionsgesellschaft: Warner. Besetzung: Bette Davis (Margret/Edith), Karl Malden, Peter Lawford, Philip Carey, Jean Hagen, Estelle Winwood, George Chandler, Cyril Delevanti.

DECEPTION, USA 1946. Regie: Irving Rapper. Produzent: Henry Blanke. Drehbuch: John Collier, nach einem Stück von Louis Verneuil. Kamera: Ernest Haller. Musik: Erich Wolfgang Korngold. Produktionsgesellschaft: Warner. Besetzung: Bette Davis (Christine), Claude Rains (Holenius), Paul Henreid (Novak), John Abbott, Benson Fong.

DESIRE *(Perlen zum Glück),* USA 1936. Regie: Frank Borzage. Produzent: Ernst Lubitsch. Drehbuch: Edwin Justus Mayer, Waldemar Young, Samuel Hoffenstein, nach einem Film von Hans Szekely und R. A. Stemmle. Kamera: Charles Lang, Victor Milner. Musik: Frederick Hollander. Produktionsgesellschaft: Paramount. Besetzung: Marlene Dietrich (Madeleine de Beaupré), Gary Cooper (Tom Bradley), John Halliday (Carlos Margoli), William Frawley (Mr. Gibson), Ernest Cossart (Aristide Duval), Akim Tamiroff (Polizei-Offizier).

DETECTIVE STORY *(Polizeirevier 21),* USA 1951. Regie: William Wyler. Produzent: William Wyler. Drehbuch: Philip Yordan, Robert Wyler, nach einem Stück von Sidney Kingsley. Kamera: Lee Garmes. Produktionsgesellschaft: Paramount. Besetzung: Kirk Douglas (Jim McLeod), Eleanor Parker (Mary McLeod), William Bendix, Cathy O'Donnell, George Macready, Horace MacMahon, Gladys George, Joseph Wiseman, Lee Grant, Gerald Mohr, Frank Faylen, Luis Van Rooten.

DETOUR *(Umleitung),* USA 1945. Regie: Edgar G. Ulmer. Produzent: Leon Fromkess. Drehbuch: Martin Goldsmith. Kamera: Benjamin H. Kline. Musik: Leo Erdody. Produktionsgesellschaft: PRC. Besetzung: Tom Neal (Al Roberts), Ann Savage (Vera), Claudia Drake, Edmund MacDonald, Tim Ryan.

DISHONORED *(Entehrt),* USA 1931. Regie: Josef von Sternberg. Drehbuch: Daniel H. Rubin. Kamera: Lee Garmes. Musik: Karl Hajos. Produktionsgesellschaft: Paramount. Besetzung: Marlene Dietrich (X-27), Victor McLaglen (Lieutenant Kranau), Lew Cody (Colonel Kovrin), Gustav von Seyffertitz (Chef des Geheimdienstes), Warner Oland (General von Hindau), Barry Norton (Junger Lieutenant).

DOUBLE INDEMNITY *(Frau ohne Gewissen),* USA 1944. Regie: Billy Wilder. Produzent: Joseph Sistrom. Drehbuch: Billy Wilder, Raymond Chandler, nach einem Roman von James M. Cain. Kamera: John Seitz. Musik: Miklos Rozsa. Produktionsgesellschaft: Paramount. Besetzung: Barbara Stanwyck (Phyllis Dietrichson), Fred MacMurray (Walter Neff), Edward G. Robinson (Burton Keyes), Tom Powers, Porter Hall, Jean Heather, Byron Barr, Richard Gaines.

DUEL IN THE SUN *(Duell in der Sonne),* USA 1946. Regie: King Vidor (u. a.). Produzent: David O. Selznick. Drehbuch: David O. Selznick, Oliver H. P. Garrett, nach einem Roman von Niven Busch. Kamera: Lee Armes, Harold Rosson, Ray Rennahan. Musik: Dimitri Tiomkin. Besetzung: Jennifer Jones (Pearl Chavez), Joseph Cotton (Jesse McCanles), Gregory Peck (Lewt McCanles), Lionel Barrymore (Senator McCanles), Lillian Gish (Mrs. McCanles), Walter Huston (The Sinkiller), Herbert Marshall (Scott Chavez), Charles Bickford (Sam Pierce), Tilly Losch, Joan Tetzel, Harry Carey, Otto Kruger, Sidney Blackmer.

FEMALE ON THE BEACH *(Das Haus am Strand),* USA 1955. Regie: Joseph Pevney. Produzent: Albert Zugsmith. Drehbuch: Robert Hill, Richard Alan Simmons, nach einem Stück von Robert Hill. Kamera: Charles Lang. Musik: Joseph Gershenson. Produktionsgesellschaft: Universal-International. Besetzung: Joan Crawford (Lynn Markham), Jeff Chandler (Drummond »Drummy« Hall), Cecil Kellaway (Osbert), Natalie Schafer (Queenie), Judith Evelyn (Eloise Crandall), Jan Sterling, Charles Drake, Stuart Randall.

THE FILE ON THELMA JORDAN *(Strafsache Thelma Jordan),* USA 1949. Regie: Robert Siodmak. Produzent: Hal B. Wallis. Drehbuch: Ketty Frings, nach einer Geschichte von Marty Holland. Kamera: George Barnes. Musik: Victor Young. Produktionsgesellschaft: Paramount. Besetzung: Barbara Stanwyck (Thelma Jordan), Wendell Corey (Cleve Marshall), Stanley Ridges (Kingsley Willis), Richard Rober (Tony Laredo), Minor Watson (Richter Calvin Blackwell), Barry Kelley (Staatsanwalt Pierce).

FORBIDDEN, USA 1949. Regie: Frank Capra. Drehbuch: Frank Capra, Jo Swerling. Produktionsgesellschaft: Columbia. Besetzung: Barbara Stanwyck (Lulu Smith), Adolphe Menjou, Ralph Bellamy.

THE FURIES *(Farm der Besessenen)*, USA 1950. Regie: Anthony Mann. Produzent: Hal B. Wallis. Drehbuch: Charles Schnee, nach einem Roman von Niven Busch. Kamera: Victor Milner. Musik: Franz Waxman. Produktionsgesellschaft: Paramount. Besetzung: Barbara Stanwyck (Vance Jeffords), Walter Huston (T. C. Jeffords), Wendell Corey, Judith Anderson, Gilbert Roland, Thomas Gomez, Beulah Bondi, Wallace Ford, Albert Dekker, Blanche Yurka.

GENTLEMEN PREFER BLONDES *(Blondinen bevorzugt)*, USA 1953. Regie: Howard Hawks. Produzent: Sol C. Spiegel. Drehbuch: Charles Lederer, nach einem Stück von Anita Loos und Joseph Fields. Kamera: Harry J. Wild. Musik: Lionel Newman. Produktionsgesellschaft: 20th Century Fox. Besetzung: Marilyn Monroe (Lorelei Lee), Jane Russell (Dorothy), Charles Coburn (Sir Francis Beekman), Elliott Reid (Ernie Malone), Tommy Noonan (Gus Esmond), George Winslow (Henry Spofford III), Marcel Dalio (Magistrat), Taylor Holmes (Esmond Senior), Norma Varden (Lady Beekman).

GILDA *(Gilda)*, USA 1946. Regie: Charles Vidor. Produzent: Virginia Van Upp. Drehbuch: Marion Parsonnet, nach einer Geschichte von E. A. Ellington. Kamera: Rudolph Maté. Musik: Allan Roberts. Produktionsgesellschaft: Columbia. Besetzung: Rita Hayworth (Gilda), Glenn Ford (Johnny), George Macready (Mundson), Joseph Calleia (Obregon), Steven Geray (Onkel Pio), Joe Sawyer (Casey), Gerald Mohr (Captain Delgado), Robert Scott (Gabe Evans).

THE GLASS KEY *(Der gläserne Schlüssel)*, USA 1942. Regie: Stuart Heisler. Produzent: Fred Kohlmar. Drehbuch: Jonathan Latimer, nach einem Roman von Dashiell Hammett. Kamera: Theodor Sparkuhl. Musik: Victor Young. Produktionsgesellschaft: Paramount. Besetzung: Alan Ladd (Ed Beaumont), Veronica Lake (Janet Henry), Brian Donlevy, Bonita Granville, William Bendix, Richard Denning, Joseph Calleia, Moroni Olsen.

GUN CRAZY *(Gefährliche Leidenschaft)*, USA 1950. Regie: Joseph H. Lewis. Drehbuch: Dalton Trumbo, nach einer Geschichte von Mackinlay Kantor. Kamera: Russell Harlan. Musik: Victor Young. Produktionsgesellschaft: King Brothers/Universal-International. Besetzung: John Dall (Bart), Peggy Cummins (Annie Laurie), Morris Carnovsky, Berry Kroeger, Annabel Shaw, Harry Lewis.

HARRIET CRAIG *(Die Lügnerin)*, USA 1950. Regie: Vincent Sherman.

Produzent: William Dozier. Drehbuch: Anne Froelick, James Gunn, nach einem Stück von George Kelly. Kamera: Joseph Walker. Musik: Morris T. Stoloff. Produktionsgesellschaft: Columbia. Besetzung: Joan Crawford (Harriet Craig), Wendell Corey (Walter Craig), K. T. Stevens (Clare), William Bishop (Wes Miller), Allyn Joslyn (Billy Birkmire), Lucille Watson, Viola Roache, Raymond Greenleaf.

THE HEIRESS *(Die Erbin)*, USA 1949. Regie: William Wyler. Produzent: William Wyler. Drehbuch: Ruth und Augustus Goetz, nach einem Roman von Henry James. Kamera: Leo Tover. Musik: Aaron Copland. Produktionsgesellschaft: Paramount. Besetzung: Olivia de Havilland (Catherine Sloper), Ralph Richardson (Dr. Augustus Sloper), Montgomery Clift (Morris Townsend), Miriam Hopkins (Lavinia Penniman), Vanessa Brown, Mona Freeman, Ray Collins.

HIS GIRL FRIDAY *(Sein Mädchen für besondere Fälle)*, USA 1940. Regie: Howard Hawks. Produzent: Howard Hawks. Drehbuch: Charles Lederer, nach einem Stück von Ben Hecht und Charles MacArthur. Kamera: Joseph Walker. Musik: Morris W. Stoloff. Produktionsgesellschaft: Columbia. Besetzung: Cary Grant (Walter Burns), Rosalind Russell (Hildy Johnson), Ralph Bellamy (Bruce Baldwin), Gene Lockhart (Sheriff »Pinky« Hartwell), Porter Hall (Murphy), Roscoe Karns (McCue), Frank Jenks (Wilson), Helen Mack (Mollie Malloy), John Qualen (Earl Williams).

HOLIDAY *(Holiday)*, USA 1938. Regie: George Cukor. Produzent: Everett Riskin. Drehbuch: Donald Ogden Stewart, Sidney Buchman, nach einem Stück von Philip Barry. Kamera: Franz Planer. Musik: Sidney Cutner. Produktionsgesellschaft: Columbia. Besetzung: Katharine Hepburn (Linda Seton), Cary Grant (Johnny Case), Doris Nolan (Julia Seton), Lew Ayres (Ned Seton), Edward Everett Horton (Nick Porter), Henry Kolker (Edward Seton).

HOW TO MARRY A MILLIONAIRE *(Wie angelt man sich einen Millionär?)*, USA 1953. Regie: Jean Negulesco. Produzent: Nunnally Johnson. Drehbuch: Nunnally Johnson. Kamera: Joe MacDonald. Musik: Alfred Newman, Cyril Mockridge. Produktionsgesellschaft: 20th Century Fox. Besetzung: Lauren Bacall (Schatze), Marilyn Monroe (Pola), Betty Grable (Loco), William Powell (J. D. Hanley), Cameron Mitchell (Tom Brookman), David Wayne (Freddie Denmark), Rory Calhoun (Eben), Alex D'Arcy (J. Stewart Merrill), Fred Clark (Waldo Brewster).

HUMAN DESIRE *(Lebensgier)*, USA 1954. Regie: Fritz Lang. Produzent: Lewis J. Rachmil. Drehbuch: Alfred Hayes. Kamera: Burnett Guffey. Musik: Daniele Amfitheatrof. Produktionsgesellschaft: Columbia. Besetzung: Gloria Grahame (Vickey Buckley), Glenn Ford (Jeff Warren), Broderick Crawford, Edgar Buchanan.

HUMORESQUE *(Humoreske)*, USA 1946. Regie: Jean Negulesco. Produzent: Jerry Wald. Drehbuch: Clifford Odets, Zachary Gold, nach einem Roman von Fannie Hurst. Kamera: Ernest Haller. Musik: Franz Waxman. Produktionsgesellschaft: Warner. Besetzung: Joan Crawford (Helen Wright), John Garfield (Paul Boray), Paul Cavanaugh (Victor Wright), J. Carroll Naish, Joan Chandler, Tom D'Andrea, Peggy Knudsen, Ruth Nelson.

I'M NO ANGEL *(Ich bin kein Engel)*, USA 1933. Regie: Wesley Ruggles. Produzent: William Le Baron. Drehbuch: Mae West. Kamera: Leo Tover. Musik: Harvey Brooks, Gladys Dubois. Produktionsgesellschaft: Paramount. Besetzung: Mae West (Tira), Cary Grant (Jack Clayton), Edward Arnold, Gregory Ratoff, Ralf Harolde, Kent Taylor, Gertrude Michael.

IN A LONELY PLACE *(Ein einsamer Ort)*, USA 1950. Regie: Nicholas Ray. Produzenten: Robert Lord, Henry S. Kesler. Drehbuch: Andrew Salt, nach einem Roman von Dorothy B. Hughes. Kamera: Burnett Guffey. Musik: George Antheil. Produktionsgesellschaft: Columbia. Besetzung: Humphrey Bogart (Dixon Steele), Gloria Grahame (Laurel Gray), Frank Lovejoy (Brub Nicolai), Carl Benton Reid (Captain Lochner), Art Smith (Mel Lippman), Jeff Donnell (Sylvia Nicolai), Martha Stewart (Mildred Atkinson).

JEZEBEL *(Jezebel – Die boshafte Lady)*, USA 1938. Regie: William Wyler. Produzent: Henry Blanke. Drehbuch: Clements Ripley, Abem Finkel, John Huston, nach einem Stück von Owen Davis Sr. Kamera: Ernest Haller. Musik: Max Steiner. Produktionsgesellschaft: Warner. Besetzung: Bette Davis (Jezebel), Henry Fonda (Preston), George Brent (Buck), Margaret Lindsay, Fay Bainter, Richard Cromwell, Donald Crisp, Henry O'Neill, John Litel, Spring Byington.

JOHNNY GUITAR *(Wenn Frauen hassen)*, USA 1953. Regie: Nicholas Ray. Produzent: Herbert J. Yates. Drehbuch: Philip Yordan, nach einem Roman von Roy Chanslor. Kamera: Harry Stradling. Musik: Victor Young. Produktionsgesellschaft: Republic. Besetzung: Joan

Crawford (Vienna), Mercedes McCambridge (Emma Small), Sterling Hayden (Johnny Guitar), Ward Bond (John McIvers), Scott Brady (Dancin' Kid), Ben Cooper (Turkey Ralston), Ernest Borgnine (Bart Lonergan), John Carradine (Old Tom), Royal Dano (Corey), Frank Ferguson, Paul Fix, Rhys Williams, Ian MacDonald.

KEY LARGO *(Hafen des Lasters)*, USA 1948. Regie: John Huston. Produzent: Jerry Wald. Drehbuch: Richard Brooks, John Huston, nach einem Stück von Maxwell Anderson. Kamera: Karl Freund. Musik: Max Steiner. Produktionsgesellschaft: Warner Bros./First National. Besetzung: Humphrey Bogart (Frank McCloud), Edward G. Robinson (Johnny Rocco), Lauren Bacall (Nora Temple), Lionel Barrymore (James Temple), Claire Trevor (Gaye Dawn), Thomas Gomez (Curley Hoff), Harry Lewis (Toots Bass), John Rodney (Deputy Clyde Sawyer), Marc Lawrence (Ziggy), Dan Seymour (Angel Garcia).

THE KILLERS *(Die Killer/Rächer der Unterwelt)*, USA 1946. Regie: Robert Siodmak. Produzent: Mark Hellinger. Drehbuch: John Huston, Anthony Veiller, nach einer Geschichte von Ernest Hemingway. Kamera: Elwood Bredell. Musik: Miklos Rozsa. Produktionsgesellschaft: Universal. Besetzung: Burt Lancaster (Peter Lunn, der Schwede), Edmond O'Brien (Jim Reardon), Ava Gardner (Kitty Collins), Albert Dekker (Big Jim Colfax), Sam Levene (Lieutenant Sam Lubinsky), John Miljan (Jake), Virginia Christine (Lilly), Vince Barnett (Charleston), Charles D. Brown (Packy Robinson).

KISS OF DEATH *(Der Todeskuß)*, USA 1947. Regie: Henry Hathaway. Produzent: Fred Kohlmar. Drehbuch: Ben Hecht, Charles Lederer, nach einer Erzählung von Eleazar Lipsky. Kamera: Norbert Brodine. Musik: Davis Buttolph. Produktionsgesellschaft: 20th Century Fox. Besetzung: Victor Mature (Nick Bianco), Brian Donlevy (D'Angelo), Coleen Gray (Nettie), Richard Widmark (Tom Udo), Taylor Holmes (Earl Howser), Karl Malden.

LADIES THEY TALK ABOUT, USA 1933. Regie: Howard Bretherton, William Keighley. Drehbuch: Sidney Sutherland, Brown Holmes, nach einem Stück von Dorothy Mackaye und Carlton Miles. Kamera: John Seitz. Produktionsgesellschaft: Paramount. Besetzung: Barbara Stanwyck (Die Bankräuberin), Lyle Talbot, Preston Foster, Dorothy Burgess, Lilian Roth, Maude Eburne, Ruth Donnelly, Harold Huber.

THE LADY EVE *(Die Falschspielerin)*, USA 1941. Regie: Preston Sturges. Produzent: Paul Jones. Drehbuch: Preston Sturges, nach einem Stück von Monckton Hoffe. Kamera: Victor Milner. Musik: Leo Shuken, Charles Bradshaw. Produktionsgesellschaft: Paramount. Besetzung: Barbara Stanwyck (Jean), Henry Fonda (Charles), Charles Coburn (»Colonel« Harrington), Eugene Pallette (Mr. Pike), William Demarest (Muggsy), Eric Blore, Melville Cooper, Martha O'Driscoll, Janet Beecher, Robert Greig, Luis Alberni.

THE LADY FROM SHANGHAI *(Die Lady von Shanghai)*, USA 1948. Regie: Orson Welles. Produzenten: Richard Wilson, William Castle. Drehbuch: Orson Welles, nach einem Roman von Sherwood King. Kamera: Charles Lawton jr. Musik: Heinz Roemheld. Produktionsgesellschaft: Columbia. Besetzung: Rita Hayworth (Elsa Bannister), Orson Welles (Michael O'Hara), Everett Sloane (Arthur Bannister), Glenn Anderson (George Grisby), Ted de Corsia (Sidney Broome), Erskine Sandford (Richter), Gus Schilling (Goldie), Evelyn Ellis (Bessie), Wong Show Chong (Li).

LAURA *(Laura)*, USA 1944. Regie: Otto Preminger. Produzent: Otto Preminger. Drehbuch: Jay Dratler, Samuel Hoffenstein, Betty Reinhardt, nach einem Roman von Vera Caspary. Kamera: Joseph LaShelle. Musik: David Raksin. Produktionsgesellschaft: 20th Century Fox. Besetzung: Gene Tierney (Laura Hunt), Dana Andrews (Mark McPherson), Clifton Webb, Judith Anderson, Vincent Price, Dorothy Adams, James Flavin.

LEAVE HER TO HEAVEN *(Todsünde)*, USA 1945. Regie: John M. Stahl. Produzent: William A. Bacher. Drehbuch: Jo Swerling, nach einem Roman von Ben Ames Williams. Kamera: Leon Shamroy. Musik: Alfred Newman. Produktionsgesellschaft: 20th Century Fox. Besetzung: Gene Tierney (Ellen), Cornel Wilde (Richard), Jeanne Crain, Vincent Price, Mary Philips, Ray Collins, Gene Lockhart, Reed Hadley, Chill Wills.

THE LITTLE FOXES *(Die kleinen Füchse)*, USA 1941. Regie: William Wyler. Produzent: Samuel Goldwyn. Drehbuch: Lillian Hellman, nach ihrem Stück. Kamera: Gregg Toland. Musik: Meredith Willson. Produktionsgesellschaft: RKO. Besetzung: Bette Davis (Regina Giddens), Herbert Marshall (Horace Giddens), Teresa Wright (Alexandra Giddens), Richard Carlson (David Hewitt), Patricia Collinge (Birdie Hubbard), Charles Dingle (Ben Hubbard), Dan Duryea (Leo Hubbard), Carl Benton Reid, Jessica Grayson.

THE MALTESE FALCON *(Der Malteserfalke)*, USA 1941. Regie: John Huston. Produzenten: Hal B. Wallis, Henry Blanke. Drehbuch: John Huston, nach einem Roman von Dashiell Hammett. Kamera: Arthur Edeson. Musik: Adolph Deutsch. Produktionsgesellschaft: Warner Bros./First National. Besetzung: Humphrey Bogart (Sam Spade), Mary Astor (Brigid O'Shaughnessy), Gladys George (Iva Archer), Peter Lorre (Joel Cairo), Barton MacLane (Lieutenant Dundy), Lee Patrick (Effie Perine), Sydney Greenstreet (Casper Gutman), Ward Bond (Detective Tom Polhaus), Jerome Cowan (Miles Archer), Elisha Cook jr. (Wilmer Cook), James Burke (Luke), Murray Alper (Frank), John Hamilton (Bezirksanwalt Bryan), Emory Parnell (Matrose), Walter Huston (Kapitän Jacobi).

MATA HARI *(Mata Hari)*, USA 1931. Regie: George Fitzmaurice. Drehbuch: Benjamin Glazer, Leo Birinski, Doris Anderson, Gilbert Emery. Kamera: William Daniels. Produktionsgesellschaft: MGM. Besetzung: Greta Garbo (Mata Hari), Ramon Navarro (Alexis Rosanoff), Lionel Barrymore (General Schubin), Lewis Stone (Andriani), C. Henry Gordon, Karen Morley, Alec B. Francis.

MEET JOHN DOE *(Hier ist John Doe)*, USA 1941. Regie: Frank Capra. Produzent: Frank Capra. Drehbuch: Robert Riskin. Kamera: George Barnes. Musik: Dimitri Tiomkin. Produktionsgesellschaft: Liberty Films. Besetzung: Gary Cooper (Long John Willoughby), Barbara Stanwyck (Die Reporterin), Edward Arnold, Walter Brennan, James Gleason, Spring Byington, Gene Lockhart, Rod La Rocque, Irving Bacon, Regis Toomey, Ann Doran.

MILDRED PIERCE *(Solange ein Herz schlägt)*, USA 1945. Regie: Michael Curtiz. Produzent: Jerry Wald. Drehbuch: Ranald MacDougall, nach einem Roman von James M. Cain. Kamera: Ernest Haller. Musik: Max Steiner. Produktionsgesellschaft: Warner. Besetzung: Joan Crawford (Mildred Pierce), Bruce Bennett (Bert Pierce), Ann Blyth (Veda Pierce), Lee Patrick (Maggie Binderhof), Jack Carson (Wally Fay), Zachary Scott (Monte Beragon), Eve Arden (Ida), George Tobias, Moroni Olsen, Jo Ann Marlow, Barbara Brown.

MOROCCO *(Morocco)*, USA 1930. Regie: Josef von Sternberg. Produzent: Louis D. Lighton. Drehbuch: Jules Furthman, nach einem Roman von Benno Vigny. Kamera: Lee Garmes. Musik: Karl Hajos. Produktionsgesellschaft: Paramount. Besetzung: Marlene Dietrich (Amy Jolly), Gary Cooper (Tom Brown), Adolphe Menjou (Kennington), Ullrich Haupt (Adjutant Caesar), Juliette Compton (Anna Dolores), Francis McDonald (Corporal Tatoche), Albert Conti (Colonel Quinnevieres), Eve Southern (Madame Caesar), Michael Visaroff (Barratire), Paul Porcasi (Lo Tinto).

MURDER MY SWEET/FAREWELL MY LOVELY, USA 1944. Regie: Edward Dmytryk. Produzent: Adrian Scott. Drehbuch: John Paxton, nach einem Roman von Raymond Chandler. Kamera: Harry J. Wild. Musik: Roy Webb. Produktionsgesellschaft: RKO. Besetzung: Dick Powell (Philip Marlowe), Claire Trevor (Velma/Mrs. Grayle), Anne Shirley (Ann), Mike Mazurki, Otto Kruger, Miles Mander, Douglas Walton, Ralf Harode, Don Douglas, Esther Howard. (Mit dem Titel FAREWELL MY LOVELY – deutscher Titel: FAHR ZUR HÖLLE, LIEBLING – drehte Dick Richards 1975 ein Remake mit Robert Mitchum und Charlotte Rampling in den Hauptrollen.)

MY LITTLE CHICKADEE *(Mein kleiner Gockel),* USA 1940. Regie: Edward Cline. Produzent: Lester Cowan. Drehbuch: Mae West, W. C. Fields. Kamera: Joseph Valentine. Musik: Frank Skinner. Produktionsgesellschaft: Universal. Besetzung: Mae West (Flower Belle Lee), W. C. Fields (Cuthbert J. Twillie), Joseph Calleia (Der maskierte Bandit), Dick Foran, Margaret Hamilton.

NIAGARA *(Niagara),* USA 1953. Regie: Henry Hathaway. Produzent: Charles Brackett. Drehbuch: Charles Brackett, Walter Reisch, Richard Breen. Kamera: Joe MacDonald. Musik: Sol Kaplan. Produktionsgesellschaft: 20th Century Fox. Besetzung: Marilyn Monroe (Rose Loomis), Joseph Cotton (George Loomis), Jean Peters (Polly Cutler), Casey Adams (Ray Cutler), Denis O'Dea (Inspektor Starkey), Richard Allen (Patrick), Don Wilson (Mr. Ketttering), Lurene Tuttle (Mrs. Kettering), Russell Collins (Mr. Qua).

NIGHT AND THE CITY *(Die Ratte von Soho),* GB 1950. Regie: Jules Dassin. Produzent: Samuel G. Engel. Drehbuch: Jo Elsinger, nach einem Roman von Gerald Kersh. Kamera: Max Greene. Musik: Benjamin Frankel. Produktionsgesellschaft: 20th Century Fox. Besetzung: Gene Tierney (Mary Bristol), Richard Widmark (Harry Fabian), Googie Withers, Hugh Marlow, Herbert Lom.

NORTH BY NORTHWEST *(Der unsichtbare Dritte),* USA 1958. Regie: Alfred Hitchcock. Produzenten: Alfred Hitchcock, Herbert Coleman.

Drehbuch: Ernest Lehmann. Kamera: Robert Burks. Musik: Bernard Herrmann. Produktionsgesellschaft: MGM. Besetzung: Cary Grant (Roger O. Thornhill), Eve Marie Saint (Eve Kendall), James Mason (Philip Vandamm), Jessie Royce Landis (Clara Thornhill), Leo G. Carroll (Der Professor), Philip Ober (Lester Townsend), Martin Landau (Leonard), Adam Williams (Valerian), Robert Ellenstein (Licht), Josephine Hutchison (Mrs. Townsend).

NOTORIOUS *(Weißes Gift/Berüchtigt)*, USA 1946. Regie: Alfred Hitchcock. Produzenten: Alfred Hitchcock, Barbara Keon. Drehbuch: Ben Hecht, nach einer Geschichte von Alfred Hitchcock. Kamera: Ted Tetzlaff. Musik: Roy Webb. Produktionsgesellschaft: RKO. Besetzung: Ingrid Bergman (Alicia Huberman), Cary Grant (T. R. Devlin), Claude Rains (Alexander Sebastian), Leopoldine Konstantin (Madame Sebastian), Louis Calhern (Paul Prescott), Reinhold Schünzel (Dr. Anderson), Ivan Triesault (Eric Mathis), Alex Minotis (Joseph), Eberhard Krumschmidt (Hupka), Sir Charles Mendl (Commodore), Moroni Olsen (Walter Beardsley), Ricardo Costa (Dr. Barbosa).

ODDS AGAINST TOMORROW *(Wenig Chancen für morgen)*, USA 1959. Regie: Robert Wise. Produzent: Robert Wise. Drehbuch: John O. Killens, Nelson Gidding. Kamera: Joseph Brun. Musik: John Lewis. Produktionsgesellschaft: United Artists. Besetzung: Robert Ryan (Slater), Harry Belafonte (Ingram), Ed Begley (Berke), Shelley Winters (Lorry, Slaters Frau), Gloria Grahame (Helen), Will Kuleva, Kim Hamilton.

ON DANGEROUS GROUND, USA 1951. Regie: Nicholas Ray. Produzent: John Houseman. Drehbuch: A. I. Bezzerides, nach einem Roman von George Butler. Kamera: George E. Diskant. Musik: Bernard Herrmann. Produktionsgesellschaft: RKO. Besetzung: Robert Ryan (Jim Wilson), Ida Lupino (Mary), Ward Bond (Walter Brent), Ed Begley, Cleo Moore, Charles Kemper.

OUR DANCING DAUGHTERS, USA 1928. Regie: Harry Beaumont. Produzent: Hunt Stromberg. Drehbuch: Josephine Lovett. Kamera: George Barnes. Produktionsgesellschaft: MGM. Besetzung: Joan Crawford (»Dangerous Diana«), Johnny Mack Brown (Ben Black), Anita Page (Anne), Dorothy Sebastian, Huntley Gordon, Evelyn Hall, Sam de Grasse.

OUT OF THE PAST *(Goldenes Gift)*, USA 1947. Regie: Jacques Tourneur. Produzent: Warren Duff. Drehbuch: Geoffrey Homes, nach seinem Roman. Kamera: Nicholas Musuraca. Musik: Victor Young. Produktionsgesellschaft: RKO. Besetzung: Robert Mitchum (Jeff Markham/Bailey), Jane Greer (Kathy), Kirk Douglas (Whit Sterling), Rhonda Fleming (Meta Carson), Richard Webb, Steve Brodie, Virginia Houston, Dickie Moore.

PANIC IN THE STREETS *(Unter Geheimbefehl)*, USA 1950. Regie: Elia Kazan. Produzent: Sol C. Spiegel. Drehbuch: Richard Murphy, Edward und Edna Anhalt. Kamera: Joe MacDonald. Musik: Alfred Newman. Produktionsgesellschaft: 20th Century Fox. Besetzung: Richard Widmark (Dr. Clinton Reed), Barbara Bel Geddes (Nancy Reed), Jack Palance (Blackie), Zero Mostel (Raymond Fitch), Paul Douglas (Police Captain Warren), Dan Riss (Neff).

THE PHILADELPHIA STORY *(Die Nacht vor der Hochzeit)*, USA 1940. Regie: George Cukor. Produzent: Joseph L. Mankiewicz. Drehbuch: Donald Ogden Stewart, nach einem Stück von Philip Barry. Kamera: Joseph Ruttenberg. Musik: Franz Waxman. Produktionsgesellschaft: MGM. Besetzung: Katharine Hepburn (Tracy Lord), Cary Grant (C. Daxter Haven), James Stewart (Macauley Connor), Ruth Hussey (Liz Imbrie), Roland Young, John Halliday, Mary Nash, Virginia Weidler, John Howard, Henry Daniell.

PICKUP ON SOUTH STREET *(Polizei greift ein)*, USA 1953. Regie: Samuel Fuller. Produzent: Jules Schermer. Drehbuch: Samuel Fuller, nach einer Geschichte von Dwight Taylor. Kamera: Joe MacDonald. Musik: Leigh Harline. Produktionsgesellschaft: 20th Century Fox. Besetzung: Richard Widmark (Skip McCoy), Jean Peters (Candy), Thelma Ritter (Moe Williams), Murvyn Vye (Captain Dan Tiger), Richard Kiley (Joey), Willis B. Bouchey (Zara), Milburn Stone (Wineki), Henry Slate (MacGregor), Jerry O'Sullivan (Enyart), Harry Carter (Dietrich).

POSSESSED *(Hemmungslose Liebe)*, USA 1947. Regie: Curtis Bernhardt. Produzent: Jerry Wald. Drehbuch: Silvia Richards, Ranald MacDougall, nach einer Geschichte von Rita Weiman. Kamera: Joseph Valentine. Musik: Franz Waxman. Produktionsgesellschaft: Warner. Besetzung: Joan Crawford (Louise Howell), Van Heflin (David Sutton), Raymond Massey (Dean Graham), Geraldine Brooks (Carol), Stanley Ridges (Psychiater), Gerald Perreau (Wynn),

John Ridgely, Moroni Olsen, Erskine Sanford, Isabel Withers, Lisa Golm, Douglas Kennedy, Monte Blue, Don McGuire, Rory Mallinson, Clifton Young.

THE POSTMAN ALWAYS RINGS TWICE *(Im Netz der Leidenschaften),* USA 1946. Regie: Tay Garnett. Produzent: Carey Wilson. Drehbuch: Harry Ruskin, Niven Busch, nach einem Roman von James M. Cain. Kamera: Sidney Wagner. Musik: George Bassman. Produktionsgesellschaft: MGM. Besetzung: Lana Turner (Cora Smith), John Garfield (Frank Chambers), Cecil Kellaway (Nick Smith), Hume Cronyn, Leon Ames, Audrey Totter, Alan Reed. (1981 drehte Bob Rafelson ein Remake mit Jessica Lange und Jack Nicholson in den Hauptrollen.)

REAR WINDOW *(Das Fenster zum Hof),* USA 1953. Regie: Alfred Hitchcock. Produzent: Alfred Hitchcock. Drehbuch: John Michael Hayes, nach einer Kurzgeschichte von Cornell Woolrich. Kamera: Robert Burks. Musik: Franz Waxman. Produktionsgesellschaft: Paramount. Besetzung: James Stewart (L. B. »Jeff« Jeffries), Grace Kelly (Lisa Freemont), Thelma Ritter (Stella), Raymond Burr (Lars Thorwald), Irene Winston (Mrs. Thorwald), Judith Evelyn (Miß Lonelyhearts), Ross Bagdasarian (Komponist), Georgine Darcy (Miß Torso), Jesslyn Fax (Bildhauerin), Rand Harper (Flitterwöchner).

REBECCA *(Rebecca),* USA 1939. Regie: Alfred Hitchcock. Produzent: David O. Selznick. Drehbuch: Robert E. Sherwood, Joan Harrison, nach einem Roman von Daphne du Maurier. Kamera: George Barnes. Musik: Franz Waxman. Produktionsgesellschaft: Selznick Studio. Besetzung: Laurence Olivier (Maxim de Winter), Joan Fontaine (Mrs. de Winter), Judith Anderson (Mrs. Danvers), George Sanders (Jack Favell), Florence Bates (Mrs. Van Hopper), Nigel Bruce (Major Giles Lacey), Gladys Cooper (Beatrice Lacey), C. Aubrey-Smith (Colonel Julyan).

ROUSTABOUT *(König der heißen Rhythmen),* USA 1964. Regie: John Rich. Produzent: Hal B. Wallis. Drehbuch: Allan Weiss, Anthony Lawrence. Kamera: Lucien Ballard. Musik: Joseph L. Lilley. Besetzung: Elvis Presley (Charley Maine), Barbara Stanwyck (Rummelplatz-Unternehmerin), Sue Ann Langdon, Joan Freeman, Leif Erickson.

THE SCARLET EMPRESS *(Die scharlachrote Kaiserin),* USA 1934. Regie: Josef von Sternberg. Drehbuch: Manuel Komroff, nach den

Tagebüchern Katharinas der Großen von Rußland. Kamera: Bert Glennon. Musik: John M. Leipold, W. Frank Harling. Produktionsgesellschaft: Paramount. Besetzung: Marlene Dietrich (Sophie Friederike/Katharina II.), John Lodge (Fürst Alexej), Sam Jaffe (Großfürst Peter Feodorowitsch), Louise Dresser (Zarin Elisabeth), Maria Sieber (Sophie als Kind).

SCARLET STREET *(Straße der Versuchung)*, USA 1945. Regie: Fritz Lang. Produzent: Walter Wanger. Drehbuch: Dudley Nichols, nach einem Stück von George de la Fouchardière. Kamera: Milton Krasner. Musik: Hans Salter. Produktionsgesellschaft: Universal. Besetzung: Joan Bennett (Kitty March), Edward G. Robinson (Christopher Cross), Dan Duryea (Johnny Prince), Jess Barker, Margaret Lindsay, Rosalin Ivan, Samuel S. Hinds, Arthur Loft.

SHANGHAI EXPRESS *(Shanghai-Expreß)*, USA 1932. Regie: Josef von Sternberg. Drehbuch: Jules Furthman, nach einer Geschichte von Harry Hervey. Kamera: Lee Garmes. Musik: W. Franke Harling. Produktionsgesellschaft: Paramount. Besetzung: Marlene Dietrich (Shanghai Lily), Clive Brook (Captain Donald Harvey), Anna May Wong (Hui Fei), Warner Oland (Henry Chang), Eugene Pallette (Sam Salt), Louise Closser Hale (Mrs. Haggerty), Gustav von Seyffertitz (Eric Baum), Emile Chautard (Major Lenard).

THE SHANGHAI GESTURE, USA 1941. Regie: Josef von Sternberg. Produzenten: Arnold Pressburger, Albert de Courville. Drehbuch: Josef von Sternberg, Geza Herczeg, Karl Vollmoeller, Jules Furthman, nach einem Stück von John Colton. Kamera: Paul Ivano. Musik: Richard Hagemann. Besetzung: Gene Tierney (»Poppey« Virginia Chateris), Ona Munson, Victor Mature, Walter Huston, Albert Bassermann, Phyllis Brooks, Maria Ouspenskaya, Eric Blore, Ivan Lebedeff, Mike Mazurki.

THE SNAKEPIT *(Die Schlangengrube)*, USA 1948. Regie: Anatole Litvak. Produzenten: Anatole Litvak, Robert Bassler. Drehbuch: Frank Partos, Millen Brand. Kamera: Leo Tover. Musik: Alfred Newman. Produktionsgesellschaft: 20th Century Fox. Besetzung: Olivia de Havilland (Virginia), Leo Genn, Mark Stevens, Cleste Holm, Glenn Langan, Leif Erickson, Beulah Bondi, Lee Patrick, Natalie Schaefer.

SORRY, WRONG NUMBER *(Du lebst noch 105 Minuten)*, USA 1948. Regie: Anatole Litvak. Produzenten: Hal B. Wallis, Anatole Litvak.

Drehbuch: Lucille Fletcher, nach ihrem Stück. Kamera: Sol Polito. Musik: Franz Waxman. Produktionsgesellschaft: Paramount. Besetzung: Barbara Stanwyck (Leona Stevenson), Burt Lancaster (Henry Stevenson), Ann Richards, Wendell Corey, Ed Begley, Harold Vermilyea, Leif Erickson, William Conrad.

SPELLBOUND *(Ich kämpfe um dich)*, USA 1944. Regie: Alfred Hitchcock. Produzent: David O. Selznick. Drehbuch: Ben Hecht. Kamera: George Barnes. Musik: Miklos Rozsa. Produktionsgesellschaft: Selznick International. Besetzung: Ingrid Bergman (Dr. Constance Peterson), Gregory Peck (John Ballantine), Jean Acker (Die Direktorin), Rhonda Fleming (Mary Carmichael), Donald Curtis (Harry), John Emery (Dr. Fleurot), Leo G. Carroll (Dr. Murchison), Norman Lloyd (Garmes), Michael Chekhov (Dr. Alex Brulov).

STAGE DOOR *(Bühneneingang)*, USA 1937. Regie: Gregory La Cava. Produzent: Pandro S. Berman. Drehbuch: Morrie Ryskind, Anthony Veiller, nach einem Stück von Edna Ferber und George S. Kaufman. Kamera: Robert de Grasse. Musik: Roy Webb. Produktionsgesellschaft: RKO. Besetzung: Katharine Hepburn (Terry Randall), Ginger Rodgers, Adolphe Menjou, Gail Patrick, Constance Collier, Andrea Leeds, Lucille Ball, Samuel S. Hinds, Jack Carson, Franklin Pangborn, Eve Arden.

STAGEFRIGHT *(Die rote Lola)*, USA 1949. Regie: Alfred Hitchcock. Produzent: Alfred Hitchcock. Drehbuch: Whitfield Cook, nach Erzählungen von Selwyn Jepson. Kamera: Wilkie Cooper. Musik: Leighton Lucas. Produktionsgesellschaft: Warner Bros./First National. Besetzung: Marlene Dietrich (Charlotte Inwood), Jane Wyman (Eve Gill), Michael Wilding (Inspektor Wilfred Smith), Richard Todd (Jonathan Cooper), Alastair Sim (Commodore Gill), Sybil Thorndike (Mrs. Gill), Kay Walsh (Nellie Good), Patricia Hitchcock (Chubby Bannister).

STELLA DALLAS *(Stella Dallas)*, USA 1937. Regie: King Vidor. Produzent: Samuel Goldwyn. Drehbuch: Victor Heerman, Sara Y. Mason. Kamera: Rudolph Maté. Musik: Alfred Newman. Produktionsgesellschaft: Goldwyn Studios. Besetzung: Barbara Stanwyck (Stella Dallas), John Boles, Anne Shirley, Barbara O'Neil, Alan Hale, Marjorie Main, Tim Holt.

A STOLEN LIFE *(Die große Lüge)*, USA 1946. Regie: Curtis Bernhardt. Produzent: Bette Davis. Drehbuch: Catherine Turney. Kamera: Sol

Polito, Sid Hickox. Musik: Max Steiner. Produktionsgesellschaft: Warner. Besetzung: Bette Davis (Kate Bosworth/Pat Bosworth), Glenn Ford (Bill Emerson), Dane Clark, Walter Brennan, Charles Ruggles, Bruce Bennett, Peggy Knudsen, Esther Dale.

THE STRANGE LOVE OF MARTHA IVERS, USA 1946. Regie: Lewis Milestone. Produzent: Hal B. Wallis. Drehbuch: Robert Rossen. Kamera: Victor Milner. Musik: Miklos Rozsa. Produktionsgesellschaft: Warner. Besetzung: Barbara Stanwyck (Martha Ivers), Kirk Douglas (Walter O'Neil), Van Heflin, Lizabeth Scott, Judith Anderson, Roman Bohnen.

SUDDEN FEAR *(Maskierte Herzen),* USA 1952. Regie: David Miller. Produzent: Joseph Kaufman. Drehbuch: Lenore Coffee, Robert Smith. Kamera: Charles Lang jr. Musik: Elmer Bernstein. Produktionsgesellschaft: RKO. Besetzung: Joan Crawford (Myra Hudson), Jack Palance (Lester Blaine), Gloria Grahame (Irene Neves), Bruce Bennett, Virginia Huston, Touch Connors.

SULLIVAN'S TRAVELS *(Sullivans Reisen),* USA 1941. Regie: Preston Sturges. Produzent: Paul Jones. Drehbuch: Preston Sturges. Kamera: John Seitz. Musik: Leo Shuken. Produktionsgesellschaft: Paramount. Besetzung: Joel McCrea (John L. Sullivan), Veronica Lake (Das Mädchen), Robert Warwick (Mr. LeBrand), William Demarest (Mr. Jones), Franlin Pangborn (Mr. Casalsis), Porter Hall (Mr. Hadrian), Byron Foulger (Mr. Valdelle), Margaret Hayes (Sekretärin), Robert Grieg (Butler), Eric Blore (Kammerdiener).

SUNSET BOULEVARD *(Boulevard der Dämmerung),* USA 1950. Regie: Billy Wilder. Produzent: Charles Brackett. Drehbuch: Charles Brackett, Billy Wilder, D. M. Marshman jr. Kamera: John F. Seitz. Musik: Franz Waxman. Produktionsgesellschaft: Paramount. Besetzung: Gloria Swanson (Norma Desmond), William Holden (Joe Gillis), Erich von Stroheim (Max von Mayerling), Nancy Olsen (Betty Schaefer), Fred Clark, Jack Webb, Lloyd Gough, Cecil B. DeMille, H. B. Warner, Anna Q. Nilsson, Buster Keaton, Hedda Hopper.

THEY MADE ME A CRIMINAL *(Zum Verbrecher verurteilt),* USA 1939. Regie: Busby Berkeley. Produzent: Benjamin Glazer. Drehbuch: Sig Herzig. Kamera: James Wong Howe. Musik: Max Steiner. Produktionsgesellschaft: Warner. Besetzung: John Garfield, Claude Rains,

Gloria Dickson, May Robson, Billy Halop, Bobby Jordan, Leo Gorcey, Huntz Hall, Gabriel Dell, Ann Sheridan.

To Catch a Thief *(Über den Dächern von Nizza),* USA 1954. Regie: Alfred Hitchcock. Produzent: Alfred Hitchcock. Drehbuch: John Michael Hayes nach einem Roman von David Dodge. Kamera: Robert Burks, Wallace Kelly. Musik: Lyn Murray. Produktionsgesellschaft: Paramount. Besetzung: Cary Grant (John Robie), Grace Kelly (Frances Stevens), Jessie Royce Landis (Mrs. Stevens), John Williams (H. H. Hughson), Brigitte Auber (Danielle Foussard), Charles Vanel (Bertani), René Blancard (Kommissar Lepic).

To Have and Have Not *(Haben und Nichthaben),* USA 1945. Regie: Howard Hawks. Produzent: Howard Hawks. Drehbuch: Jules Furthman, William Faulkner, nach einem Roman von Ernest Hemingway. Kamera: Sid Hickox. Musik: Franz Waxman. Produktionsgesellschaft: Warner Bros./First National. Besetzung: Humphrey Bogart (Harry Morgan), Walter Brennan (Eddie), Lauren Bacall (Marie), Dolores Moran (Helene de Brusac), Hoagy Carmichael (Cricket), Walter Molnar (Paul de Brusac), Sheldon Leonard (Lieutenant Coyo), Marcel Dario (Gerard), Walter Sande (Johnson), Dan Seymour (Captain Renard).

Touch of Evil *(Im Zeichen des Bösen),* USA 1958. Regie: Orson Welles. Produzent: Albert Zugsmith. Drehbuch: Orson Welles, nach einem Roman von Whit Masterson. Kamera: Russell Metty. Musik: Henry Mancini. Produktionsgesellschaft: Universal. Besetzung: Orson Welles (Hank Quinlan), Charlton Heston (Ramon Miguel »Mike« Vargas), Janet Leigh (Susan Vargas), Joseph Calleia (Pete Menzies), Akim Tamiroff (»Onkel Joe« Grande), Marlene Dietrich (Tanya), Mercedes McCambridge (Bandenführerin), Joseph Cotton (Detektiv), Zsa Zsa Gabor (Striplokal-Besitzerin).

Vertigo *(Aus dem Reich der Toten),* USA 1958. Regie: Alfred Hitchcock. Produzenten: Alfred Hitchcock, Herbert Coleman. Drehbuch: Alex Coppel, Samuel Taylor, nach einem Roman von Pierre Boileau und Thomas Narcejac. Kamera: Robert Burks. Musik: Bernard Herrmann. Produktionsgesellschaft: Paramount. Besetzung: James Stewart (John »Scottie« Ferguson), Kim Novak (Madeleine Elster/Judy Barton), Barbara Bel Geddes (Midge Wood), Tom Helmore (Gavin Elster), Konstantin Shayne (Pop Liebl), Henry Jones (Leichenbeschauer), Raymond Bailey (Arzt).

WHATEVER HAPPENED TO BABY JANE? *(Was geschah wirklich mit Baby Jane?),* USA 1962. Regie: Robert Aldrich. Produzent: Robert Aldrich. Drehbuch: Lukas Heller, nach einem Roman von Henry Farrell. Kamera: Ernest Haller. Musik: Frank de Vol. Produktionsgesellschaft: Warner Seven Arts. Besetzung: Bette Davis (Jane Hudson), Joan Crawford (Blanche Hudson), Victor Buono (Edwin Flagg), Marjorie Bennett, Maidie Norman, Anna Lee, Julie Allred, Barbara Merrill, Dave Willock, Gina Gillespie, Ann Barton.

WHERE THE SIDEWALK ENDS *(Faustrecht der Großstadt),* USA 1950. Regie: Otto Preminger. Produzent: Otto Preminger. Drehbuch: Rex Connor, nach einem Roman von William L. Stuart. Kamera: Joseph LaShelle. Musik: Cyril Mockridge. Produktionsgesellschaft: 20th Century Fox. Besetzung: Gene Tierney (Morgan Taylor), Dana Andrews (Mark Dixon), Gary Merrill, Bert Freed, Tom Tully, Karl Malden, Ruth Donnelly, Craig Stevens, Robert Simon.

WHILE THE CITY SLEEPS *(Die Bestie),* USA 1956. Regie: Fritz Lang. Produzent: Bert Friedlob. Drehbuch: Casey Robinson, nach einem Roman von Charles Einstein. Kamera: Ernest Laszlo. Musik: Herschel Burke Gilbert. Produktionsgesellschaft: RKO. Besetzung: Dana Andrews (Edward Mobley), Ida Lupino (Mildred Donner), Rhonda Fleming (Dorothy Kane), George Sanders, Sally Forrest, Thomas Mitchell, Vincent Price, Howard Duff, James Craig, Robert Warwick, John Barrymore jr.

WITNESS FOR THE PROSECUTION *(Zeugin der Anklage),* USA 1958. Regie: Billy Wilder. Produzent: Arthur Hornblow. Drehbuch: Billy Wilder, Harry Kurnitz, nach einem Stück von Agatha Christie. Kamera: Russell Harlan. Musik: Matty Melneck. Produktionsgesellschaft: United Artists. Besetzung: Marlene Dietrich (Christine Vole), Tyrone Power (Leonard Vole), Charles Laughton (Sir Wilfrid Robarts), Elsa Lancester (Miß Plimsoll), John Williams (Brogan-Moore), Henry Daniell (Mayhew), Ian Wolfe (Carter), Una O'Connor (Janet MacKenzie).

WOMAN IN THE WINDOW *(Gefährliche Begegnung),* USA 1944. Regie: Fritz Lang. Produzent: Nunnally Johnson. Drehbuch: Nunnally Johnson, nach einem Roman von J. H. Wallis. Kamera: Milton Krasner. Musik: Arthur Lange, Hugo Friedhofer. Produktionsgesellschaft: International. Besetzung: Joan Bennett (Alice Reed), Dan Duryea (Heydt), Edward G. Robinson, Raymond Massey, Edmund Breon, Thomas Jackson, Dorothy Peterson, Arthur Loft.

WOMAN OF THE YEAR *(Die Frau, von der man spricht),* USA 1942.
Regie: George Stevens. Produzent: Harry Sherman. Drehbuch: Ring
Lardner jr., Michael Kanin. Kamera: Joseph Ruttenberg. Musik:
Franz Waxman. Produktionsgesellschaft: MGM. Besetzung: Katha-
rine Hepburn (Tess Harding), Spencer Tracy (Sam Craig), Fay
Bainter, Reginald Owen, William Bendix, Dan Tobin, Minor Watson,
Roscoe Kairns.

Register

Kursivierte Seitenzahlen verweisen auf Bildlegenden.

A

A bout de souffle (Außer Atem, 1959) 176
Adam's Rib (Ehekrieg, 1949) 120
Affair in Trinidad (Affäre in Trinidad, 1952) 62
The African Queen (African Queen, 1951) 120
Aherne, Brian 132
Aldrich, Robert 173
All About Eve (Alles über Eva, 1950) 100, *101*, 172
Allyson, June 167
Andrews, Dana 52, 98, *99*, 155, 158
Angel Face (Engelsgesicht, 1952) 48, 53, 102f
Angel (Engel, 1937) 131
Arden, Eve 67
Arletty 166
Arthur, Jean 109
Astaire, Fred 63
Astor, Mary 8
Aus dem Reich der Toten (Vertigo, 1958) 112, *113*
Außer Atem (A bout de souffle, 1959) 176

B

Baby Face, 1933   149
Bacall, Lauren *9*, 119, 122, *123ff*, 170
Bad Sister, 1931   143
Ball of Fire (Die merkwürdige Zähmung der Gangsterbraut Sugarpuss, 1941) 148
Bardot, Brigitte 166
Baxter, Anne 100
Belle de Jour, 1968   *177*, 178
Bennett, Joan 48, 87f, *89*, 90f, 98
Bergman, Ingrid 115, 126f, *127*, 167, 173
Bernhardt, Curtis 75
Berüchtigt (Notorious, 1946) 126ff, *127*
Die Bestie (While the City Sleeps, 1956) 155
Beyond the Forest, 1949   77, 144
The Big Heat (Heißes Eisen, 1953) *52*, 53, 87, 156, 158
The Big Sleep (Tote schlafen fest, 1946) *9*, 53, 110, 122, 126
The Birds (Die Vögel, 1963) 128
Die blaue Dahlie (The Blue Dahlia, 1946) *51*, 52, 121
Der Blaue Engel, 1930   130
Blonde Venus, 1932   131f
Blondinen bevorzugt (Gentlemen Prefer Blondes, 1953) *169*, 170, 172
The Blue Dahlia (Die blaue Dahlie, 1946) *51*, 52, 121
The Blue Gardenia (Gardenia, eine Frau will vergessen, 1953) 87
Blyth, Ann *69*
Body Heat, 1981   177
Bogart, Humphrey 8, *9*, 53f, 122, *123f*, 143, 149, 155, 158, 160, *161*

Bonnie and Clyde, 1967   177
Bow, Clara 11
Die Braut trug Schwarz, 1967   176
Bringing Up Baby (Leoparden küßt man nicht, 1938) 120
Brooks, Clive 132
Bühneneingang (Stage Door, 1937) 119f
Buñuel, Luis 177

C

Cain, James M. 7, 10, 31, 63
California, 1946   105
Capra, Frank 148
Carlo, Yvonne de 170
Carol, Martine 166
Cattle Queen of Montana (Königin der Berge, 1954) 105
Cesares, Maria 166
Chandler, Raymond *9*, 10, *51*, 84
Chinatown, 1974   177
Citizen Kane, 1941   42
Clash by Night (Vor dem neuen Tag, 1952) 82
Clift, Montgomery 100
Colbert, Claudette 109
Conte, Richard 53
Cooper, Gary 131f, 148f
Corey, Wendell 53, 154
Cotten, Joseph 82, *106*, 107, 145
Crawford, Christina 144
Crawford, Joan 11, 46, *47*, 48, 54, 63f, *65*, 70, 75, 105, 109, 119, 132f, 137–143, *139*, 149f, 155f, 172f, *174f*, 176, 179
Crime of Passion (Das war Mord, Mr. Doyle, 1956) 154
Criss Cross (Gewagtes Alibi, 1948) 53
Cromwell, John 160, *161*
Crossfire (Im Kreuzfeuer, 1947) 53, 156
Cruise, Tom 180
Cukor, George 119f, 138
Cummins, Peggy 94, *95*, 97
Curtiz, Michael 63

D

Dagover, Lil 162
Daisy Kenyon 139
Dalí, Salvador 116
Dall, John 94, *95*
Dark City 10
Dark Corner 10
The Dark Mirror (Der Schwarze Spiegel, 1946) 10, 113, *114*, 115f, *117*
Dark Passage (Die schwarze Natter/Das unbekannte Gesicht, 1947) 10, 122f, *124f*, 125
Dark Past 10
Dark Victory, 1946   142

Darrieux, Danielle 166
Das war Mord, Mr. Doyle (Crime of Passion, 1956) 154
Dassin, Jules 155
Daves, Delmer 123
Davis, Barbara 144
Davis, Bette 11, 48, 54, *74,* 75, 77, 100, *101,* 113ff, 119, 132, 137f, 142–147, 150, 172f, *174f,* 175f, 179
Day, Doris 167
Dead Reckoning, 1947   160, *161*
Dead Ringer, 1964   115
Deception, 1946   142, 146
Deneuve, Cathérine 177, *177*
Desire (Perlen zum Glück, 1936) 131
Detective Story (Polizeirevier 21, 1951) 53
Detour (Umleitung, 1945) 92, *93*
Dietrich, Marlene 40, 48, 130, 132ff, *133,* 138, 142, 150, 162, 167
Dishonored (Entehrt, 1931) 134
Dmytryk, Edward 8, 84
Das doppelte Lottchen 116
Doren, Mamie van 170
Double Indemnity (Frau ohne Gewissen, 1944) *6,* 7f, 15–24, 49, 54, 78, 110, 148f
Douglas, Kirk 24, *26,* 53, *79,* 149, 151
Douglas, Melvyn 132
Du lebst noch 105 Minuten (Sorry, Wrong Number, 1948) 147, 152
Duel in the Sun (Duell in der Sonne, 1946) 106, *106f,* 108
Dunaway, Faye 141, 177
Dunne, Irene 109, 119
Duryea, Dan 53, 88, 90

E

Die Ehe der Maria Braun 166
Ehekrieg (Adam's Rib, 1949) 120
Ein einsamer Ort (In a Lonely Place, 1950) 156, 158, 163
Ekel, 1965   177
Engel (Angel, 1937) 131
Engelsgesicht (Angel Face, 1952) 48, 53, 102f
Entehrt (Dishonored, 1931) 134
Die Erbin (The Heiress, 1949) 100

F

Fahrstuhl zum Schafott 166
Die Falschspielerin (The Lady Eve, 1941) 111, 148
Farewell My Lovely (Murder, My Sweet, 1944) 8, 53, 84, 110, 124
Farm der Besessenen (The Furies, 1950) 105
Fassbinder, Rainer Werner 166
Faustrecht der Großstadt (Where the Sidewalk Ends, 1950) 155, 158
Female on the Beach (Das Haus am Strand, 1955) 139
Das Fenster zum Hof (Rear Window, 1953) *129,* 130
Fields, W. C. 136
The File on Thelma Jordan (Strafsache Thelma Jordan, 1949) 152

Fitzmaurice, George 134
Fleming, Rhonda 170
Flynn, Erroll 54, 149
Fonda, Henry 111, 145, 149
Fonda, Jane 176
Forbidden, 1949   149
Ford, Glenn *52,* 53, 55, *61,* 115, 158, *159*
Ford, Harrison 180
Die Frau, von der man spricht (Woman of the Year, 1942) 120ff, *120*
Frauen (The Women, 1939) 121, 138
Fritsch, Willy 163
Fuller, Sam 155
The Furies (Farm der Besessenen, 1950) 105

G

Garbo, Greta 48, 94, 134, 150
Gardenia, eine Frau will vergessen (The Blue Gardenia, 1953) 87
Gardner, Ava 103, 167, 179
Garfield, John 31, *33, 37,* 53
Garnett, Tay 15
Gefährliche Leidenschaft (Gun Crazy, 1949) 13, 82, 94–98, *95, 97*
Gentlemen Prefer Blondes (Blondinen bevorzugt, 1953) *169,* 170, 172
Gewagtes Alibi (Criss Cross, 1948) 53
Gilda, 1946   45f, *46,* 48, 55–63, *57, 61*
The Glass Key (Der gläserne Schlüssel, 1942) 52, 121
Godard, Jean-Luc 176
Goldenes Gift (Out of the Past, 1947) 10, 15, 24–31, *26, 29,* 53, 109
Grable, Betty 109, 170
Grahame, Gloria 48, *52,* 156, *157, 159,* 160, 180
Grant, Cary 126ff, *127,* 130, 135
Greer, Jane 11, 17, 24, *26,* 26, *28f,* 45, 48, 172
Die große Lüge (A Stolen Life, 1946) 113
Gun Crazy (Gefährliche Leidenschaft, 1949) 13, 82, 94–98, *95, 97*

H

Haben und Nichthaben (To Have and Have Not, 1944) 122
Hafen des Lasters (Key Largo, 1948) 122f
Hammett, Dashiell 10
Harlow, Jean 11
Harriet Craig (Die Lügnerin, 1950) 141, 156
Harvey, Lilian 162
Hathaway, Henry 82
Hatheyer, Heidemarie 166
Das Haus am Strand (Female on the Beach, 1955) 139
Havilland, Olivia de 100f, 113, 115, *117*
Hawks, Howard 110, 120, 122, 148, *169,* 170
Hayward, Susan 167
Hayworth, Rita 17, 38, *41, 43,* 43ff, *46,* 48f, 55, 62f, 82, 167, 172
Hedren, Tippi 126, 128
Heflin, Van 53, 75, *79,* 151
The Heiress (Die Erbin, 1949) 100
Heißes Eisen (The Big Heat, 1953) *52,* 53, 87, 156, 158

205

Hemingway, Ernest 103
Hemmungslose Liebe (Possessed, 1947) 75, 156
Henreid, Paul 146
Hepburn, Audrey 167, 173
Hepburn, Katharine 119, *120,* 121, 138, 142, 151, 167, 173
Hier ist John Doe (Meet John Doe, 1941) 148
His Girl Friday (Sein Mädchen für besondere Fälle, 1940) 121
Hitchcock, Alfred 111, *113,* 115, 126, *127,* 128, *129,* 130, 132
Hold, Marianne 166
Holden, William 54, 86, 149f
Holiday, 1938 120
Holliday, Judy 167
Hoppe, Marianne 162
Horney, Brigitte 162
How to Marry a Millionaire (Wie angelt man sich einen Millionär?, 1953) 126, 170, *171*
Human Desire (Lebensgier, 1954) 82, 87, 156, 158, *159*
Humoresque (Humoreske, 1946) 138
Huston, John 8, 120, 122

I

Ich bin kein Engel (I'm No Angel, 1933) 135f
Ich kämpfe um dich (Spellbound, 1945) 115
Im Kreuzfeuer (Crossfire, 1947) 53, 156
Im Netz der Leidenschaften (The Postman Always Rings Twice, 1946) 15, 31–38, *33,* 49, 53, 76, 78, 110
Im Zeichen des Bösen (Touch of Evil, 1958) 134
I'm No Angel (Ich bin kein Engel, 1933) 135f
In a Lonely Place (Ein einsamer Ort, 1950) 156, 158, 163

J

Jezebel (Jezebel – Die boshafte Lady, 1938) 142, 145
Johnny Guitar (Wenn Frauen hassen, 1953) 105f
Jones, Jennifer 106, *106f*

K

Kasdan, Lawrence 176
Kästner, Erich 116
Käutner, Helmut 163
Kazan, Elia 155
Kelly, Grace 126, *129,* 130, 167
Key Largo (Hafen des Lasters, 1948) 122f
The Killers (Die Killer/Rächer der Unterwelt, 1946) 53, 103f, *104*
Kiss of Death (Der Todeskuß, 1947) 53
Die kleinen Füchse (The Little Foxes, 1941) 146
Klute, 1971 176
Knef, Hildegard 164, *164*

König der heißen Rhythmen (Roustabout, 1964) 150
Königin der Berge (Cattle Queen of Montana, 1954) 105

L

La Cava, Gregory 120
Ladd, Alan *51,* 52f, 121
Ladies They Talk About, 1933 149
The Lady Eve (Die Falschspielerin, 1941) 111, 148
The Lady from Shanghai (Die Lady von Shanghai, 1948) 15, 38–44, *43,* 49, 62, 76
Lake, Veronica *51,* 119, 121
Lancaster, Burt 53, 103, 149f, 152
Lang, Fritz 48f, *52,* 77, 82, 87, *89, 91,* 92, 155, 158, *159,* 162
Laura, 1944 49, 52, 98ff, *99,* 158
Leander, Zarah 162
Leave Her to Heaven (Todsünde, 1945) 70–75, *73,* 77, 103, 110, 158
Lebensgier (Human Desire, 1954) 82, 87, 156, 158, *159*
Leigh, Janet 167
Leoparden küßt man nicht (Bringing Up Baby, 1938) 120
The Letter, 1940 *74,* 75
Leuwerik, Ruth 166
Lewis, Joseph H. 13, 94
Liane aus dem Urwald 167
Lili Marlen 166
The Little Foxes (Die kleinen Füchse, 1941) 146
Litvak, Anatole 115, 147
Lola 166
Lolita 72
Lollobrigida, Gina 167
Lombard, Carole 119
Loren, Sophia 167
The Loves of Carmen, 1948 62
Loy, Myrna 119
Lubitsch, Ernst 131
Die Lügnerin (Harriet Craig, 1950) 141, 156
Lupino, Ida 119
Lyons, Sue 72

M

MacLaine, Shirley 167
MacMurray, Fred 15, *17,* 54, 150
Madonna 179
Magnani, Anna 167
The Magnificent Ambersons 126
The Maltese Falcon (Der Malteserfalke, 1941) 8, 53
Mangano, Silvana 167
Mankiewicz, Joseph L. 100
Mann, Anthony 105
Mansfield, Jayne *168,* 170
Marnie 128
Marshall, Herbert 75, 102, 132, 146
Marvin, Lee 158
Maskierte Herzen (Sudden Fear, 1952) 53, 139
Mata Hari, 1931 134
Mature, Victor 53

206

Mayo, Virginia 170
Mcbain, Mercedes 106
Meet John Doe (Hier ist John Doe, 1941)
148
Mein kleiner Gockel (My Little Chickadee,
1940) 136
Melato, Mariangela 177
*Die merkwürdige Zähmung der Gangsterbraut
Sugarpuss* (Ball of Fire, 1941) 148
Michael, Marion 167
Mildred Pierce (Solange ein Herz schlägt,
1945) 12f, 54, 63–70, *65, 69,* 138, 156
Milestone, Lewis 79
Milland, Ray 149
Miller, Arthur 63
Mississippi Mermaid, 1969   177
Mitchum, Robert 24f, *29,* 53, 102, 155, 163
Mommie, Dearest 140
Monroe, Marilyn 63, *80f,* 82, 126, 170, 172
Moorehead, Agnes *125,* 126
Die Mörder sind unter uns 163
Moreau, Jeanne 166, 176
Morocco, 1930   131
Murder, My Sweet, 1944   8, 53, 84, 110, 124
My Little Chickadee (Mein kleiner Gockel,
1940) 136

N

Die Nacht vor der Hochzeit (The Philadelphia
Story, 1940) 119
Neal, Tom 92, 94
Negri, Pola 11
Negulesco, Jean 170, *171*
Niagara, 1953   *80f,* 82
Night and the City (Die Ratte von Soho, 1950)
155, 158
North by Northwest (Der unsichtbare Dritte,
1959) 128
Notorious (Berüchtigt, 1946) 126ff, *127*
Novak, Kim 112, *113*

O

Odds Against Tomorrow (Wenig Chancen für
morgen, 1959) 156
On Dangerous Ground, 1951   53
Orphée 166
Our Dancing Daughters, 1928   138
Out of the Past (Goldenes Gift, 1947) 10, 15,
24–31, *26, 29,* 53, 109

P

Pakula, Alan J. 176
Palance, Jack 53
Panic in the Street (Unter Geheimbefehl,
1950) 155
Peck, Gregory 54, *106f,* 106, 115
Penn, Arthur 177
Perlen zum Glück (Desire, 1936) 131
The Philadelphia Story (Die Nacht vor der
Hochzeit, 1940) 119
Pickup on South Street (Polizei greift ein,
1953) 53, 155
Pitfall, 1948   158

Polanski, Roman 177
Polizei greift ein (Pickup on South Street,
1953) 53, 155
Polizeirevier 21 (Detective Story, 1951) 53
Possessed (Hemmungslose Liebe, 1947) 75,
156
The Postman Always Rings Twice (Im Netz
der Leidenschaften, 1946) 15, 31–38, *33,*
49, 53, 76, 78, 110
Powell, Dick 53, 84
Preminger, Otto 48f, 98, 102, 155, 162
Presley, Elvis 150

R

Rächer der Unterwelt/Die Killer (The Killers,
1946) 53, 103f, *104*
Rains, Claude 146
Rapper, Irving 146
Die Ratte von Soho (Night and the City, 1950)
155, 158
Ray, Nicholas 105, 158
Rear Window (Das Fenster zum Hof, 1953)
129, 130
Rebecca, 1940   115
Reynolds, Debbie 167
Roberts, Julia 179
Robinson, Edward G. 15, 49, 54, 87, *89,* 90,
124, 150
Rogers, Ginger 48, 109
Rökk, Marika 162
Die rote Lola (Stagefright, 1950) 132
Roustabout (König der heißen Rhythmen,
1964) 150
Russell, Jane *169,* 170
Russell, Rosalind 119, 121
Ryan, Robert 53, 83

S

Saint, Eva Marie 128
Savage, Ann 48, 92
The Scarlet Empress (Die scharlachrote
Kaiserin, 1934) 132
Scarlet Street (Straße der Versuchung, 1945)
48, 53, 77, 87–90, *89*
Die Schlangengrube (The Snakepit, 1948) 115
Schönböck, Karl 163
Die schwarze Natter/Das unbekannte Gesicht
(Dark Passage, 1947) 10, 122f, *124f,* 125
Der Schwarze Spiegel (The Dark Mirror,
1946) 10, 113, *114,* 115f, *117*
Schwarzenegger, Arnold 179
Scott, Lizabeth 158, 160, *161*
Scott, Zachary 54
Seberg, Jean 176
Die Sehnsucht der Veronika Voss 166
Sein Mädchen für besondere Fälle (His Girl
Friday, 1940) 121
Seitz, John F. 86
Shanghai Express, 1932   40, 131
The Shanghai Gesture, 1941   40
Sherman, Vincent 62, 141
Signoret, Simone 166
Simmons, Jean 48, 102

Siodmak, Robert *117,* 152, 162
The Snakepit (Die Schlangengrube, 1948) 115
Solange ein Herz schlägt (Mildred Pierce, 1945) 12f, 54, 63–70, *65, 69,* 138, 156
Sorry, Wrong Number (Du lebst noch 105 Minuten, 1948) 147, 152
Spellbound (Ich kämpfe um dich, 1945) 115
Spillane, Mickey 10
Stage Door (Bühneneingang, 1937) 119f
Stagefright (Die rote Lola, 1950) 132
Stahl, John M. 70
Stallone, Sylvester 179
Stanwyck, Barbara *6,* 7, 11, 17, 19, 24, 45, 48f, 54, *79,* 79, 82, 105, 109, 111, 119f, 132, 137, 142, 147–155, *153,* 163, 179
Staudte, Wolfgang 163
Stella Dallas, 1937   149
Sternberg, Josef von 40, 131f, 134
Stevens, George 120
Stewart, James 112, 130, 132
A Stolen Life (Die große Lüge, 1946) 113
Stone, Sharon 179
Strafsache Thelma Jordan (The File on Thelma Jordan, 1949) 152
The Strange Love of Martha Ivers, 1946   *79,* 79, 151, *153*
Straße der Versuchung (Scarlet Street, 1945) 48, 53, 77, 87–90, *89*
Stroheim, Erich von 86
Sturges, Preston 111, 121
Sudden Fear (Maskierte Herzen, 1952) 53, 139
Sullivans Reisen (Sullivan's Travels, 1942) 121
Die Sünderin 164, *164f*
Sunset Boulevard (Boulevard der Dämmerung, 1950) 54, 84–87, *85*
Swanson, Gloria 86
Swept Away, 1975   177

T

Taylor, Elizabeth 167
Taylor, Robert 150
Die Teuflischen 166
They Made Me a Criminal (Zum Verbrecher verurteilt, 1939) 53
This Gun for Hire, 1942   121
Tierney, Gene 11, 48f, 70f, *73,* 77, 98, *99,* 110, 158, 172
To Catch a Thief (Über den Dächern von Nizza, 1954) 130
To Have and Have Not (Haben und Nichthaben, 1944) 122
Der Todeskuß (Kiss of Death, 1947) 53
Todsünde (Leave Her to Heaven, 1945) 70–75, *73,* 77, 103, 110, 158
Tote schlafen fest (The Big Sleep, 1946) *9,* 53, 110, 122, 126
Toth, Andre de 158
Touch of Evil (Im Zeichen des Bösen, 1958) 134
Tourneur, Jacques 15
Tracy, Spencer 54, *120,* 121f
Trevor, Claire 84, 124
Tristana, 1970 178
Truffaut, François 176f

Turner, Kathleen 176
Turner, Lana 31, *33, 37,* 45, 49, 167, 172

U

Über den Dächern von Nizza (To Catch a Thief, 1954) 130
Ulmer, Edgar G. 92, *93*
Umleitung (Detour, 1945) 92, *93*
Der unsichtbare Dritte (North by Northwest, 1959) 128
Unter den Brücken 163
Unter Geheimbefehl (Panic in the Street, 1950) 155

V

Valentin, Barbara 167
Vertigo (Aus dem Reich der Toten, 1958) 112, *113*
Vidor, Charles *46,* 46f, 62
Die Vögel (The Birds, 1963) 128
Vor dem neuen Tag (Clash by Night, 1952) 82

W

Was geschah wirklich mit Baby Jane? (Whatever Happened to Baby Jane?, 1962) 173–176, *174*
Wayne, John 132
Webb, Clifton 98
Weiser, Grete 162
Weissner, Hilde 162
Welles, Orson 15, 38f, *41,* 42ff, *43,* 63, 82, 134
Wenig Chancen für morgen (Odds Against Tomorrow, 1959) 156
Wenn Frauen hassen (Johnny Guitar, 1953) 105f
Werner, Ilse 162
West, Mae 11, 134, *135,* 136
Whatever Happened to Baby Jane? (Was geschah wirklich mit Baby Jane?, 1962) 173–176, *174*
Where the Sidewalk Ends (Faustrecht der Großstadt, 1950) 155, 158
While the City Sleeps (Die Bestie, 1956) 155
Widmark, Richard 53, 155, 158, 163
Wie angelt man sich einen Millionär? (How to Marry a Millionaire, 1953) 126, 170, *171*
Wilde, Cornel 71
Wilder, Billy *6,* 7f, 49, 84, 87, 134, 162
Willis, Bruce 179
Witness for the Prosecution (Zeugin der Anklage, 1958) 134
The Woman in the Window (Gefährliche Begegnung, 1944) 49, 53, 77, 87, 90ff, *90f,* 98
Woman of the Year (Die Frau, von der man spricht), 1942 120ff, *120*
The Women (Frauen, 1939) 121, 138
Wyler, William *74,* 75, 100, 145f

Z

Zeugin der Anklage (Witness for the Prosecution, 1958) 134
Ziemann, Sonja 166
Zum Verbrecher verurteilt (They Made Me a Criminal, 1939) 53